폴 틸리히
조직신학 V
하나님의 나라론

Systematic Theology Vol. III

by Paul Tillich

tr. by Yu Jang Hwan

© The University of Chicago Press 1957

ISBN 0-226-80338-4

Korean Edition Copyright © 2005, Handl Publishing House

Korean Christian Building 710

Yeonji-Dong 136-46, Chongro-ku

Seoul, Korea

ISBN 978-89-8349-500-6 93230

Printed in Korea

조직신학 V

지은이	폴 틸리히
옮긴이	유장환
펴낸이	정덕주
펴낸 곳	한들출판사
	서울시 종로구 연지동 136-46 기독교회관 710호
	등록 제2-1470호 1992.
E-Mail	book@ehandl.com
홈페이지	www.ehandl.com
전화:	편집부 741-4068~69
	영업부 741-4070 FAX 741-4066

2010년 3월 14일 초판 1쇄 발행

ISBN 978-89-8349-500-6 93230

* 잘못된 책은 바꿔 드립니다.

폴 틸리히

조직신학 V

하나님의 나라론

유장환 역

한들출판사

폴 틸리히(Tillich, Paul 1886-1965)

틸리히는 1886년 8월 20일에 독일 브란덴베르크 지방 슈타르체델에서 출생했다. 1904-09년에 베를린대학, 튀빙겐대학, 할레대학에서 신학과 철학을 공부했고, 1910년에 브레슬라우대학으로부터 철학박사 학위를 취득했고, 1912년에 할레대학으로부터 신학박사 학위를 취득했다. 1911-14년에는 베를린 지역의 전도사, 부목사로 활동했고, 1914-18년에는 군목으로 활동했다.
1919년부터 베를린대학 사강사로서 활동을 시작했고, 마르부르크대학 교수로 잠시 활동한 후(1924-25)에, 드레스덴 공과대학의 종교학 정교수(1925-29)인 동시에 라이프치히대학의 신학교수(1927-29)가 되었다. 1929년에 시작한 프랑크푸르트대학의 교수직을 나치 정권에 의해 1933년에 박탈당했고, 해직 후 라인홀드 니버의 초청으로 미국으로 이민하여 1933-55년까지 뉴욕에 있는 유니언신학교에서 가르치다가 은퇴했다. 은퇴 후 1955-62년에 하버드대학교 명예교수, 1962-65년에 시카고대학교 석좌교수로 활동하다가, 1965년 10월 22일에 별세했다.

주요 저서
조직신학 I II II, 존재의 용기, 신앙의 역동성
사랑 힘 정의, 19-20세기 프로테스탄트사상사
그리스도교 사상사, 프로테스탄트시대, 문화의 신학
현대의 종교적 상황, 역사에 대한 해석
기독교와 세계종교, 종교란 무엇인가,
성서적 종교와 궁극적인 실재에 대한 탐구
흔들리는 터전, 새로운 존재, 영원한 지금

역자 유장환
목원대학교 신학대학 신학과 졸업
목원대학교 대학원 신학과 졸업
동, 대학원에서 박사학위 취득
현, 목원대학교 조직신학 교수
역서/ 폴 틸리히 조직신학 I II III IV 한들출판사

저자 서문

제Ⅲ권의 출판으로 나의 《조직신학》은 완결되었다. 제Ⅱ권은 제Ⅰ권이 나온 지 6년이 지나서 나왔고, 마지막 제Ⅲ권은 제Ⅱ권이 나온 지 또다시 6년이 지났다. 각 권의 발행 사이에 많은 시간이 흐른 것은 주제가 질적, 양적으로 방대할 뿐만 아니라 조직신학자로서의 나의 일들과 관련하여 시간이 많이 걸렸기 때문이다. 보다 작은 책이나 별로 전문적이지 않은 책을 통해서 특수한 문제들을 다루었던 일들과 국내외의 많은 곳에서 개최된 강연이나 토론회를 통해서 나의 견해를 밝혔던 일들이 그에 해당한다. 이런 일들 때문에 시간이 지체되었지만 나는 이런 일들을 정당한 것으로 생각하였고 또 그것들을 성취하려고 노력했다.

그러나 나는 내 나이 때문에 더 이상 미룰 수는 없었다. 물론, 어느 누구도 이 한 권의 책에서 그렇게 많은 문제들이 충분하게 논의되었다고 생각할 수는 없을 것이다. 그러나 어느 순간에 저자는 자신의 유한성을 받아들여야만 했고, 그와 더불어서 완성된 것의 미완성을 받아들여야만 했다. 이를 받아들이게 된 하나의 강력한 동기는 박사과정 학생들에게서 나왔다. 이들은 나의 신학에 대해서 논문을 써야

했기 때문에 그때까지만 해도 여전히 단편적인 것에 불과했던 제III권의 원고 공개를 여러 해 동안 요청하였다. 이와 같은 요청을 거부할 수 없었다. 그뿐만 아니라 제III권의 출판에 대한 많은 요구들은 마침내 충족되지 않으면 안 되었다. 친구들도 그리고 나 자신도 때때로 체계가 단편으로 끝나지 않을까 걱정했다. 그러나 다행스럽게 이런 염려는 기우(杞憂)였다. 물론, 아무리 최선을 다할지라도, 이 체계는 단편적이고 때때로 불충분하고 의심스럽기도 하다. 그럼에도 불구하고 이 체계는 나의 신학사상이 도달한 단계를 보여주고 있다. 하지만 하나의 체계는 도착점인 동시에 출발점이 되지 않으면 안 된다. 그것은 예비적인 진리가 진리를 향한 끝없는 길 위에서 구체화되는 정거장과 같은 것이 되어야만 한다.

나의 피할 수 없는 독일식 문체를 "영어다운 영어"로 고쳐준 엘리자베스 분(Elizabeth Boone)과 교정을 본 윌리엄 크루트(William Crout), 그리고 색인을 만들어준 엘리자베스 스토너(Elizabeth Stoner)와 마리아 펠리칸(Maria Pelikan)에게 감사의 뜻을 전한다. 또한 이 책의 특별 편집자인 조교 클라크 윌리암손(Clark Williamson)에게도 감사의 뜻을 전한다. 그는 이 어려운 일을 해내기 위해서 많은 수고를 하였고 특수한 문제들에 대해서 나와 유익한 토론을 나누었다. 끝으로, 제III권의 지체된 출판을 매우 친절하게 그리고 매우 끈기 있게 기다려준 출판사의 직원들에게도 심심한 감사의 뜻을 전하고 싶다.

1963년 8월
롱 아일랜드, 이스트 햄프톤에서
폴 틸리히

차 례

저자 서문 /5

제5부 역사와 하나님의 나라

서론
제5부의 조직신학적인 위치와 생명의 역사적인 차원 /13

제1장 역사와 하나님의 나라에 대한 탐구

I. 생명과 역사 /17
  1. 인간과 역사 /17
    1) 역사와 역사적 의식 /17
    2) 인간의 역사의 관점에서 살펴 본 역사적인 차원 /20
    3) 역사 이전과 역사 이후 /26
    4) 역사의 담지자: 공동체, 인격, 인류 /29
  2. 역사와 존재의 범주들 /35
    1) 생명과정과 범주들 /35
    2) 시간과 공간과 생명의 일반적인 차원들 /38
    3) 역사적인 차원의 시간과 공간 /42
    4) 인과성과 실체와 생명의 일반적인 차원들 /46
    5) 역사적인 차원의 인과성과 실체 /51

3. 역사의 역동성 /53
　　1) 역사의 운동: 경향, 구조, 시대 /543
　　2) 역사와 생명의 과정들 /60
　　3) 역사적인 진보: 현실과 한계 /63

II. 역사적인 차원의 생명의 모호성 /71
　1. 역사적인 자기통합의 모호성: 제국과 중앙집권 /71
　2. 역사적인 자기창조의 모호성: 혁명과 반동 /76
　3. 역사적인 자기초월의 모호성: 주어진 것과 기대된 것으로서의 세 번째 단계 /78
　4. 역사에 있어서의 개인의 모호성 /81

III. 역사 해석과 하나님의 나라에 대한 탐구 /84
　1. 역사 해석의 본질과 문제 /84
　2. 역사의 의미의 물음에 대한 부정적인 대답들 /86
　3. 역사의 의미의 물음에 대한 부적절한 긍정적인 대답들 /90
　4. 역사의 의미의 물음에 대한 대답으로서의 "하나님의 나라"의 상징 /95
　　1) "하나님의 나라"의 상징의 특징들 /95
　　2) "하나님의 나라"의 상징의 내재적인 요소와 초월적인 요소 /98

제2장 역사 속의 하나님의 나라

I. 역사의 역동성과 새로운 존재 /103
　1. "구원사"의 관념 /103
　2. 역사 속에 나타난 하나님의 나라의 중심적인 현현 /106
　3. 카이로스와 카이로이 /112
　4. 역사적인 섭리 /116

II. 하나님의 나라와 교회 /120
　1. 역사 속의 하나님의 나라의 대표자로서의 교회 /120

2. 하나님의 나라와 교회의 역사 /124

III. 하나님의 나라와 세계사 /130
　1. 교회사와 세계사 /130
　2. 하나님의 나라와 역사적인 자기통합의 모호성 /134
　3. 하나님의 나라와 역사적인 자기창조의 모호성 /138
　4. 하나님의 나라와 역사적인 자기초월의 모호성 /141
　5. 하나님의 나라와 역사 속의 개인의 모호성 /143

제3장 역사의 목적으로서의 하나님의 나라

I. 역사의 종말 또는 영원한 생명 /145
　1. "역사의 종말"의 두 가지 의미와 종말의 영원한 현존 /145
　2. 시간적인 것이 영원한 것으로 고양되는 것으로서의 역사의
　　 종말 /148
　3. 부정적인 것이 부정적인 것으로 노출되는 것으로서의
　　 역사의 종말: "궁극적인 심판" /151
　4. 역사의 종말과 생명의 모호성들의 궁극적인 극복 /155
　5. 부정적인 것의 영원한 극복으로서의 영원한 축복 /159

II. 개인적인 인격과 개인적인 인격의 영원한 운명 /162
　1. 보편적인 성취와 개인적인 성취 /162
　2. 상징으로서의 불멸과 개념으로서의 불멸 /167
　3. 부활의 의미 /171
　4. 영원한 생명과 영원한 죽음 /175

III. 하나님의 나라: 시간과 영원 /181
　1. 영원과 시간의 운동 /181
　2. 영원한 생명과 하나님의 생명 /183

역자 후기 /187

제5부
역사와 하나님의 나라

서 론

제5부의 조직신학적인 위치와 생명의 역사적인 차원

제4부《생명과 성령》에서 생명의 차원들이 고찰될 때, 역사적인 차원은 잠시 보류되었다. 그러나 역사적인 차원은 특별히 취급될 필요가 있다. 왜냐하면 이것은 다른 차원들을 전제로 하고 있고 또한 이 차원들에게 새로운 요소를 첨가해주고 있는 가장 포괄적인 차원이기 때문이다. 여기서 역사적인 차원이 다른 차원들에게 첨가해 주는 새로운 요소는 정신적 차원이 생명의 과정들에 의해서 실현된 이후에만 완전하게 발달될 수 있는 요소이다. 물론 생명의 과정들 자체는 수평적으로 이루어져 있고, 역사적인 차원을 선취적으로 실현하고 있다. 그러나 이 역사적 차원의 실현은 시작은 되었지만 아직 성취되지 않았다. 이런 점에서 확실히 우리는 특정한 나무의 탄생, 성장, 노화, 죽음을 나무의 역사라고 말할 수 있다. 또한 그보다 더 쉽게 우주의 변천이나 지구의 종들의 변천을 역사라고 말할 수도 있다. 이처럼 자연의 역사(natural history)라는 용어는 역사의 차원을 직접적으로 자연의 모든 과정들에 귀속시켜주고 있다. 그러나 이 용어는 일반적

으로 그리고 압도적으로 인간의 역사에 대해서 사용되고 있다. 이것은 비록 역사의 차원이 생명의 모든 영역에 현재하고 있을지라도 이 차원은 인간의 역사에서만 그 본연의 의미를 획득할 수 있다는 자각을 지시해준다. 진정한 역사(history proper)와 유사한 것은 생명의 모든 영역에서 발견될 수 있다. 하지만 정신이 없는 곳에 진정한 역사란 존재하지 않는다. 그러므로 모든 생명 과정들에 속해 있는 "역사적인 차원"과 오직 인류 속에서만 발생하고 있는 진정한 역사를 구별하는 것은 절대적으로 필요한 일이다.

제5부는 전통적인 이유와 실제적인 이유로 분리되어 있을지라도 제4부의 연속이다. 생명의 교리는 생명 일반의 역사적인 차원의 교리와 가장 포괄적인 생명과정으로서 인간 역사의 교리 모두를 포함해야만 한다. 또한 생명의 모호성에 대한 설명은 역사적인 차원에서 이 모호성에 대한 설명도 포함해야만 한다. 그리고 끝으로 생명의 모호성의 물음에 대한 "모호하지 않은 생명"이라는 대답은 "영적인 현존", "하나님의 나라", "영원한 생명"이라는 상징으로 나아가야만 한다. 그럼에도 불구하고 역사적인 차원을 전체 신학체계 내에서 별도로 다루는 것은 권장할 만한 일이다. 제1부에서 이성과 계시 사이의 상관관계가 제2부, 제3부, 제4부의 맥락에서 유추되어서 처음으로 다루어진 것처럼 제5부에서도 역사와 하나님의 나라 사이의 상관관계가 제2부, 제3부, 제4부의 맥락에서 유추되어 마지막으로 다루어질 것이다. 각각의 경우에 신학 전통이 다음과 같은 전개 과정에 대해서 어느 정도 책임이 있다. 이성과 계시의 관계에 대한 물음과 역사와 하나님 나라의 관계에 대한 물음은 언제나 비교적 독립적으로 그리고 광범위하게 다루어져 왔다. 하지만 역사의 모호성과 이 모호성의 물음에 대답하는 상징들을 별도로 다룬 데에는 보다 이론적인 이유가 존재한다. 바로 역사적인 차원의 포괄적인 상징과 하나님 나라 상징의 포괄적인 상징이 역사에 대한 논의에 특수한 의미를 부여

해주고 있다. 생명의 역사적인 특성은 모든 차원들 속에 잠재적으로 현재한다. 그것은 모든 차원들 속에 선취적으로 실현되어 있다. 즉, 이것은 모든 차원들 속에 잠재적으로 뿐만 아니라 어느 정도 현실적으로 현재한다. 반면에 인간의 역사에서는 완전하게 실현되어 있다. 그러므로 먼저 진정한 의미에서의 역사, 즉 인간 역사에 대해서 논의하고, 그 다음에 생명의 모든 영역들 속에 나타나고 있는 역사적인 차원에 대한 이해를 추구하고, 끝으로 인간의 역사를 "우주의 역사"와 연관시켜 이해하는 것이 적절할 것이다.

역사에 대한 신학적인 논의는―특수한 물음의 관점에 볼 때―역사적인 과정들의 구조, 역사적인 지식의 논리 구조, 역사적인 실존의 모호성, 역사적인 운동의 의미 등을 고찰해야만 한다. 또한 역사에 대한 신학적인 논의는 이 모든 것들을 역사 내재적인 의미와 초월적인 의미, 양자 모두를 지니고 있는 하나님의 나라의 상징과 연관시켜야만 한다. 이 논의는 첫 번째 의미, 즉 역사 내재적인 의미에서는 "영적인 현존"(Spiritual Presence)의 상징으로 다시 나아가고 두 번째 의미, 즉 역사 초월적인 의미에서는 "영원한 생명"(Eternal Life)의 상징으로 나아갈 것이다.

그리고 "영원한 생명"의 상징과 관련해서는 일반적으로 논의되고 있는 종말론의 문제들, 즉 마지막 일들의 교리와 연관되어 있는 문제들이 논의될 것이다. 이 문제들이 신학체계의 끝에 위치하고 있는 것은 자연스러운 것처럼 보이지만 실상은 그렇지 않다. 종말론은 시간적인 것과 영원한 것 사이의 관계를 다루어야만 한다. 이것은 그 밖의 신학체계의 다른 모든 부분들도 마찬가지이다. 그러므로 조직신학이 종말론적인 물음, 즉 존재하는 모든 것의 내적인 목적(telos)의 물음에서부터 시작하는 것은 상당히 가능한 일일 것이다. 뿐만 아니라 이것은 편리하다는 이유도 지닌다. 반면에 이 책에서처럼 전통적인 순서를 따르는 것에는 단 하나의 조직신학적인 이유가 존재한다. 그것은 창조론이 시간적인 것과 영원한 것의 관계를 상징적으로 나타내기 위해서 '과거'라는 시간적 양태를 사용하지만, 종말론은 똑같은 것을 상징적으로 나타내기 위해서 그리고 우리의 경험에서처럼 시간은 과거에서 미래로 흐른다는 것을 상징적으로 나타내기 위해서 '미래'라는 시간적 양태를 사용한다는 것이다.

'어디로부터'(where from-만물의 시작)의 물음과 '어디로'(where to-만물의 목적)의 물음 사이에 신학적인 물음들과 대답들의 전 체계가 놓여 있다. 그러나 이것은 단지 한 쪽에서 시작하여 다른 쪽으로 나아가는 직선이 아니다. 둘 사이의 관계는 보다 본질적인 것이다. 말하자면, '어디로'는 '어디로부터' 안에 분리될 수 없을 정도로 포함되어 있다. 창조의 의미는 창조의 종말에 계시된다. 그리고 역으로 '어디로'의 본질은 '어디로부터'의 본질에 의해서 결정된다. 즉 오직 선한 것으로서의 창조 가치만이 성취의 종말론을 가능하게 만든다. 그리고 오직 성취의 관념만이 창조를 의미 있게 만든다. 결국, 체계의 끝은 체계의 시작으로 되돌아 간다.

제1장 역사와 하나님의 나라에 대한 탐구

I. 생명과 역사

1. 인간과 역사

1) 역사와 역사적 의식(historical consciousness)

의미론적인 고찰은 우리가 역사의 특수한 특성을 발견하는데 도움을 줄 수 있다. 희랍어 *historia*는 원래 탐구(inquiry), 정보(information), 보고(report)를 의미하고 단지 이차적으로만 탐구되고 보도된 사건을 의미한다는 잘 알려진 사실은 이에 대한 적절한 예이다. 이것은 '역사'라는 단어를 처음으로 사용했던 사람들에게 있어서는 주관적인 측면이 객관적인 측면을 선행했다는 것을 시사해 준다. 이 견해에 따르면, 역사적 의식이 역사적 발생(historical happening)을 '선행한다'. 물론, 역사적 의식은 그것이 의식하는 역사적 발생을 시간적인 순서에서는 선행하지 않지만, 역사적 의식은 단순한 발생을 역사적 사건으로 변형시킨다. 바로 이 점에서 역사적 의식이 역사적 발생을 '선행한다'. 엄격히 말하자면, 우리는 동일한 상황이 역사적 발생과 그 발생을 역사적 사건으로서 의식하는 것 모두를 생산한다고 말해야만 한다.

역사적 의식은 전통, 즉 한 세대에서 다른 세대로 전해지는 일련의 기억들 속에서 자신을 나타내고 있다. 전통은 기억된 사건들의 인과적인 모음이 아니라 그 전통의 담지자와 수용자에게 중요한 의미를 주었던 사건들의 재모음이다. 하나의 발생이 전통을 의식하고 있는 집단에게 끼친 중요성에 따라서 이것이 역사적 사건으로서 간주될 수 있는지가 결정된다.

역사적 보도에 영향을 끼친 역사 의식은 역사적인 그룹의 필요에 따라 전통을 형성해야만 한다. 그 전통이 살아 있는 역사적인 집단의 생생한 필요에 따라서 변형시킨다는 것은 당연한 것이다. 그 결과 순수하고도 공정한 역사적 연구의 관념은 역사 서술 발달의 후기 시기에 나타났는데, 이것은 신화와 역사의 결합, 전설과 설화, 서사시 이후에 나타났다. 이 모든 경우에 있어서, 발생은 역사적인 의의를 지닌 것으로 상승되지만 그것이 이루어지는 방식은 발생을 역사적인 집단의 생명의 상징으로 변형시킨다. 따라서 전통은 역사적인 보도와 상징적 해석의 결합이다. 전통은 '벌거벗은 사실들'을 보도하지 않는다. 이것은 그 자체가 의심스러운 개념이다. 그러나 전통은 중요한 사건들을 사실의 상징적 변형을 통해서 기억시켜 준다. 이것은 사실적 측면이란 단지 창작에 지나지 않는다는 것을 의미하지 않는다. 심지어 전통이 표현되고 있는 서사적 형식마저도(그것이 아무리 감추어져있을지라도) 역사적인 뿌리를 가지고 있다. 또한 설화와 전설도 그들의 역사적 기원을 오히려 분명하게 드러내주고 있다. 그러나 이 모든 전통의 형식들에 있어서 역사적 발생을 그의 상징적 해석으로부터 분리시킨다는 것은 실제로는 불가능한 일이다. 모든 살아 있는 전통에서 역사적인 것은 상징의 빛 속에서 이해되고 있다. 이로써 역사적인 연구는 이러한 결합을 단지 보다 높거나 아니면 보다 낮은 개연성의 견지에서만 분리시킬 수 있다. 왜냐하면 역사적 사건들이 경험되는 방식은 중요성의 평가에 의해서 결정되고 있기 때문이다. 여기서 중요성이 함축하는 바는 보도들이란 그들의 기원적인 수용에 있어서는 어느 정도 상징적인 요소에 의존하고 있다는 것이다. 성서 보도들은 제3부 "생명과 성령"에서 논의된 것처럼 이러한 상황에 대한 전통적인 예이다.

그러나 우리는 또한 역사적인 사실들에 대한 학문적 연구가 해석의 은폐된 상징들에 의존하고 있는 것이 아닌지를 묻지 않으면 안 된다. 이것은 부정될 수 없을 것 같다. 의도적으로 초연한 성격을 지니고 있는 모든 역사적인 주장들에는 상징적 해석의 영향을 보여주는 몇 가지 측면들이 존재한다. 가장 중요한 것은 사실로서 확립되는 발생의 선택이다. 매 순간마다 모든 장소에서 무수한 발생이 일어나고 있기 때문에 역사적인 탐구의 대상의 선택은 그것이 역사적인 집단의 생명을 확립하는 데 있어서 얼마나 중요한 것인가에 대한 평가에 의존하고 있다. 역사는 이런 점에서 볼 때 역사적 의식에 의존하고 있다. 그러나 이것이 유일하게 중요한 점은 아니다. 모든 역사 편찬은 한 개인이나 한 집단 또는 그들의 행위에 대한 동시다발적인 영향들의 중요성에 따라서 좌우될 수 있다. 이것이 같은 사실적 내용의 역사적인 표현들에서 나타나고 있는 무수한 차이들의 원인 중 하나이다. 또 다른 원인(덜 명료하지만 보다 결정적인 원인)은 역사가가 활동하고 있는 집단의 활발한 삶의 맥락이다. 왜냐하면 그는 자신의 집단의 삶에 참여하면서 그 집단의 기억들과 전통들에 참여하고 있기 때문이다. 이러한 요인들로부터 물음이 제기되는 데 이에 대해 사실들의 표현들이 대답을 제시해주고 있다. 어느 누구도 "모든 장소를 초월한 장소"의 역사를 쓸 수는 없다. 그러한 주장은 완전한 사회적 조건들이 도달될 수 있다는 주장만큼이나 유토피아적인 것이다. 모든 역사 서술은 실제적인 발생들과 그들을 수용하는 구체적인 역사적 의식 모두에 의존하고 있는 것이다. 사실적 발생이 없다면 역사란 있을 수 없다. 또한 역사적 의식에 의한 사실적 발생의 수용과 해석이 없다면 역사도 있을 수 없다.

이와 같은 고찰은 역사적인 연구 방법들과 모순되지 않는다. 역사학에서 사용되는 학문적 기준들도 탐구의 다른 영역 기준들과 같이 정확하고 의무적이며 객관적인 것이다. 그러나 엄밀하게 말해서 이 기준들을 적용하는 행위에 있어서는 역사적 의식의 영향이 강하게 작용한다. 비록 정직한 역사 작업의 경우에서는 비의도적일지라도.

또한 역사의 주-객 성격(subject-object character)의 또 다른 의미가 언급되어야 한다. 모든 역사가 지니고 있는 해석적인 요소로 말미암아, 역사의 의미에 대한 대답은 역사를 표현하는 데 간접적이고 중재적인 영향을 끼치고 있다. 우리는 하나의 전통에 속해 있을 수밖에 없는 운명이다. 이 전통에서는 역사적인 차원을 포함하여 생명의 모든 차원들의 의미에 대한 대답이 실재와의 모든 만남에 영향을 주고 있는 상징들 속에 주어져 있다. 다음 장들의 목적은 기독교가 역사적인 실존의 의미에 대해 스스로의 대답을 표현하고 있는 상징들에 대해서 논의하려는 것이다. 의심할 바 없이 가장 객관적인 학자조차, 만일 실존적으로 기독교 전통에 의해서 결정되어 있다면, 역사적 사건들을 기독교 전통의 빛 속에서 해석할 수밖에 없을 것이다-비록 그 영향이 무의식적이고 간접적일지라도.

2) 인간 역사의 빛 속에서 살펴 본 역사적인 차원

인간의 역사는 *historia*라는 단어의 의미론적인 연구가 보여주듯이, 항상 객관적인 요소와 주관적인 요소의 결합이다. 하나의 '사건'은 사실과 해석의 병행 양식(syndrome-함께 달리는 것)이다. 이제 우리가 의미론적인 논의에서 내용적인 논의로 나아간다면, 우리는 "역사적 사건"이라고 일컬어질 수 있는 모든 발생들 속에서 그와 같은 이중적인 구조를 발견할 수 있다.

정신적 차원의 수평적인 방향은 의도(intention)와 목적(purpose)의 성격을 가지고 있다. 역사적 사건에 있어서 인간의 목적은 배타적인 요인은 아닐지라도 결정적인 요인이다. 주어진 제도들과 자연 조건들은 또 다른 요인이다. 하지만 목적을 지니고 있는 행동들의 현재만이 하나의 사건을 역사적으로 만든다. 특수한 목적들은 실현될 수 있고 실현되지 않을 수도 있다. 그리고 의도되지 않은 어떤 것이 될 수도 있다("목적의 헤테로고니"의 원리에 따라서). 하지만 결정적인 것은 특수한 목적이 역사적 사건의 결정적인 요인이라는 것이다. 어떠한 목적도 의도되지 않는 과정은 역사적일 수 없는 것이다.

인간은 그가 목적을 추구하는 한 자유로운 존재이다. 인간은 주어진 상황을 초월하고, 가능한 것을 위해서 현실적인 것을 떠날 수 있다. 그는 자신이 놓여 있는 상황에 매이지 않는다. 이러한 자기-초월이 자유의 첫 번째 근본적인 특성이다. 따라서 어떠한 역사적인 상황도 다른 역사적인 상황을 완전히 결정할 수 없다. 한 상황에서 다른 상황으로의 전이는 어느 정도 인간의 중심화된(centered) 반응, 즉 그의 자유에 의해서 결정된다. 자유와 운명의 대극성에 따르면, 그러한 자기초월은 절대적이지 않다. 그것은 과거와 현재의 요소들 전체로부터 나온다. 하지만 그것은 이러한 한계 속에서도 질적으로 새로운 것을 생산해 낼 수 있다.

그러므로 인간 역사의 세 번째 특성은 새로운 것의 생산이다. 과거와 현재의 사건들의 모든 추상적인 유사성에도 불구하고, 모든 구체적인 사건은 유일한 것이며 그의 총체성 속에서 비교할 수 없는 것이다. 그러나 이러한 주장은 약간의 제한이 필요하다. 인간의 역사에서만 새로운 것이 생산되는 것은 아니다. 자연의 역동성은 자연의 가장 작은 부분과 가장 넓은 합성물 모두에서 개체를 생산함으로써 또는 진화적 과정 속에서 새로운 종을 생산하고 우주의 확장과 수축 속에서 물질의 새로운 배열을 생산함으로써 새로운 것을 만들어 낼 수 있다. 그러나 이러한 형태의 새로운 것과 진정한 역사의 새로운 것 사이에는 질적인 차이가 존재한다. 후자는 본질적으로 의미나 가치와 연관되어 있다. 이 두 용어가 모두 정확하게 정의된다면 적절한 단어가 될 수 있다. 지난 백 년간 대다수 역사철학자들은 가치(value)가 실현된 영역으로서 역사에 대해서 말해 왔다. 이 가치라는 용어가 가지고 있는 어려움은 자의적인 가치를 객관적인 가치로부터 구별해야만 하는 필연성이다. 자의적인(arbitrary) 가치는 객관적인 가치와는 다르게 진리, 표현, 정의, 인간성, 거룩과 같은 규범들에 종속되어 있지 않다. 객관적인 가치들의 담지자들은 개인들과 공동체들이다. 만일 우리가 객관적인 가치들을 '절대적'이라고 부른다면(여기서 절대적 가치들이란 그것들의 타당성이 가치를 판단하는 주체로부터 독립되어 있다는 것을 의미한다), 그것은 인간 역사 속에서 새로운 것의 창조를 중심으로한 인격들 '안'에서 가치의 새로운 실현의 창조로서 설명할 수 있다. 그러나 만일 우리가 '가치'라는 용어 사용을 주저한다면, 그 대안은 '의미'(meaning)이다. 이전의 고찰들에 따르면, 의미 있는 생명은 정신의 기능들과 이 기능들을 지배하는 규범들과 원리들에 의해서 결정된 생명이다. 물론 이 의미는 모호한 단어이다. 그러나 이 단어의 단순한 논리적인 사용(예를 들어, 하나의 단어는 의미를 지닌다)은 만일 우리가 "의미 있는 생명"에 대해서 말한다면 초월되게 된다. 만일 '의미'라는 단어가 이렇게 사용된다면, 우리는 역사 안에서 새로운 것을 생산한다는 새롭고 유일한 의미의 구현을 만드는 것이라고 기술해야만 한다. 내가 후자의 용어를 선호하는 이유는 부분으로는 반(反) 존재론적인 가치이론을 거부하기 때문이고, 또한 종교철학에 있어서의 "생명의 의미"와 같은 용어들의 중요성 때문이다.

"생명의 가치"와 같은 표현은 "생명의 의미"라는 말이 함축하고 있는 깊이와 넓이를 가지고 있지 않다.

진정한 역사의 네 번째 특성은 역사적 사건의 중요한 유일성이다. 생명의 모든 과정들이 지니고 있는 유일한 새로운 특성은 역사적인 과정들에 의해서 공유되고 있다. 그러나 유일한 사건은 역사에서만 중요성을 지닌다. 어떤 것을 의미한다는 것은 자신의 자아를 넘어서 의미되는 것을 지시한다는 것, 즉 어떤 것을 표현한다는 것을 뜻한다. 역사적인 인격은 보다 넓은 사건들을 표현하기 때문에 역사적이다. 여기서 사건들 자체는 인간의 상황을 표현해 주고, 인간의 상황 자체는 존재의 의미 자체를 표현해 준다. 개인들, 공동체들, 사건들, 상황들은 생성의 우주적 과정들 안에서의 일시적인 발생보다도 더 많은 것이 그들 안에서 구현될 때 의미있는 것이 된다. 우주적 과정들의 일시적인 발생들(시초마다 무수하게 일어나는 발생들)은 진정한 의미에서 역사적이지 않다. 그러나 그들의 결합이 인간의 잠재성을 비교할 수 없을 정도로 유일한 방식으로 표현해 준다면 역사적인 중요성을 지닐 수도 있다. 역사는 이러한 잠재성들의 연속을 나타내 줄 수 있지만 결정적인 제한조건이 첨가되어야만 한다. 즉, 잠재성들을 실존의 조건 안에서 그리고 생명의 모호성들 속에서 나타나는 것으로 기술해야만 한다. 인간의 잠재성들(일반적으로 말하자면, 생명의 잠재성들)의 드러남이 없다면, 역사 이야기들은 의미 있는 사건들을 보도할 수 없었을 것이다. 그리고 인간의 잠재성들의 유일한 구현이 없다면, 그것들은 역사 속에 나타날 수 없고 순수한 본질들에 머물고 말았을 것이다. 하지만 그것들은 그것들이 역사를 초월하고 있기 때문에 의미 있으며 동시에 역사 안에 있기 때문에 유일한 것이다. 그러나 유일한 역사적 사건들의 중요성에 대해서는 또 다른 원인이 있다. 그것은 전체로서의 역사적인 과정의 중요성이다. "세계 역사"와 같은 것이 있든지 없든지 간에 역사적인 인류 내에 있는 과정들은 내적 목적을 가지고 있다. 역사적인 과정들은 특정한 방향으로 나아가며, 그 과정들의 성취 여부에 관계 없이 성취를 향해 달려간다. 역사적 사건은 그것이 목적을 향한 역사적인 운동의 한 계기를 나타내 주는 한 의미 있는 사건이다. 따라서 역사적 사건들은 다음과 같은 세 가지 이유들 때문에 의미있는 사건이 된다: 역사적 사건들은 본질적인 인간의 잠재성들을 대표해 준다. 역사적 사건들은 인간의 잠재성들이 유일한 방식으로 실현되었다는 것을 보여준다. 그리고 역사적 사건들은 역사의 목적을 향한 발전 가운데 있는 계기들을 대표해 준다 - 역사의 목적 자체는 이러한 방식으로 상징화된다.

인간 역사의 네 가지 특징들(목적과 연관되어 있음, 자유에 의해서 영향을 받음, 의미의 견지에서 새로운 것을 창조함, 보편적인- 특수한- 목적론적인 의미에서 중요성을 지님)은 인간의 역사와 역사적인 차원 사이의 구별을 가능케 해준다. 구별점은 인간 역사의 네 가지 특징들 속에 함축되어 있으며, 다른 측면들 속에서도, 즉 인간의 역사 이외의 다른 생명의 영역들의 역사적인 차원들 속에서도 엿볼 수 있다. 만일 우리가 한 예로서 고등생물들의 생명, 종들의 진화, 천문학적인 우주의 발달을 살펴본다면, 우리는 무엇보다도 이러한 예들 속에서는 목적과 자유가 나타나지 않는다는 점을 관찰할 수 있다. 예를 들어 고등생물들의 목적은 그들의 직접적인 필요의 만족을 초월하지 않는다. 또한 동물들은 그들의 자연적인 구속을 초월하지도 않는다. 그리고 어떤 특정한 의도도 종들의 진화나 우주의 운동들 속에서는 작용하지 않는다. 문제는 우리가 다음과 같은 문제들을 질문할 때 보다 복잡해진다. 이런 생명의 영역들 속에는 절대적인 의미와 의미 있는 유일성이 존재하는가? 예를 들어, 동물 영역의 새로운 종의 발생은 새로운 제국이나 인간의 역사의 새로운 예술양식의 발생과 비교할 수 있는 의미를 지니고 있는가? 명백하게 새로운 종은 유일한 것이다. 그러나 문제는 이것이 절대적인 의미 구현이라는 의미에서 유일한 것인가 하는 것이다.

또다시 우리는 부정적으로 대답해야만 한다. 정신의 차원이 현실적이지 않는 곳에서는 절대적인 의미와 의미 있는 유일성은 존재하지 않는다. 한 종이나 혹은 한 종의 특별한 예의 유일성은 실제적이지만 궁극적으로는 중요한 것이 아니다. 반면에 한 인격이 자신을 인격으로서 실현하는 행위와 무한한 의미를 지니고 있는 문화적 창조와 궁극적인 의미가 예비적인 의미를 돌파하는 종교적인 경험은 무한히 의미 있는 것이다. 이러한 주장은 정신적 차원의 생명이 궁극성을 경험할 수 있고 궁극적인 것의 구현물과 상징들을 생산할 수 있다는 사실에 기초한 것이다. 만일 한 그루의 나무나 새로운 동물의 종, 새로운 은하계의 별들 속에 절대적인 의미가 있다면 이 의미는 인간들에 의해서 이해될 수 있을 것이다. 왜냐하면 이것은 인간에 의해서 경험되기 때문이다. 인간 실존의 이러한 요소는 모든 인간 영혼의 무한한 가치의 이론을 양산해 왔다. 이러한 이론은 직접적으로는 비성서적일지라도 모든 성서 기자들에 의해서 선포되고 있는 약속들이나 위협들 속에 함축되어 있다. '하늘'과 '지옥'은 궁극적인 의미와 무조건적인 의미의 상징들이다. 그러나 이러한 위협이나 약속은 인간의 생명에 대해서는 행해지지 않고 있다.

그럼에도 불구하고 역사적인 차원이 현재하지 않으며 선취적으로 실현되어 있지 않은 생명의 영역이란 존재하지 않는다. 심지어 무기적인 영역에도, 확실하게 말하자면 유기적인 영역에도 텔로스(내적 목적)가 존재한다. 이 텔로스는 진정한 역사의 한 부분이 아닐지라도 유사-역사적인(quasihistorical) 것이다. 이것은 종들의 발생과 우주의 발달에 대해서 말할 때도 마찬가지이다. 이것들은 역사와 유사한 것이지만 그것들은 진정한 역사가 아니다. 그와 같은 유사성은 자연의 임의성이나 생물학적인 진화 과정에 의해서 생산된 새로운 것과 우주적 배열의 유일성에도 나타나고 있다. 그러나 그것은 유사할 뿐이다. 여기에는 자유와 절대적 의미가 결여되어 있다. 보편적인 생명 안에 있는 역사적인 차원은 진정한 역사와 유사하다. 그러나 이것이 역사 자체는 아니다. 정신의 차원은 보편적인 생명 속에서는 단지 선취적으로만 실현되어 있다. 생물학적 차원의 생명과 정신 차원의 생명 사이에는 유사성이 존재한다. 그러나 생물학적인 것은 정신이 아니다. 그러므로 역사는 인간의 역사의 차원을 제외한 다른 모든 영역에서는 선취된 — 하지만 미실현된 — 차원일 뿐이다.

3) 역사 이전(prehistory)과 역사 이후(posthistory)

선취된 역사로부터 현실적인 역사로의 발달은 역사 이전(prehistory)의 인간 단계로 기술될 수 있다. 역사 이전의 인간은 몇 가지 측면에서 볼 때 이미 인간이다. 그러나 그는 아직 역사적인 인간이 아니다. 왜냐하면 만일(결국 역사를 만들어 낸) 그 존재가 '인간'으로 일컬어진다면, 그는 목적을 설정하는 자유를 가지고 있어야만 하며, 아무리 제한적일지라도 언어와 보편을 가지고 있어야만 하며, 또한 예술적이며 인식적인 가능성들과 거룩의 감각을 가지고 있어야 한다. 만일 그가 이 모든 것을 가지고 있다면, 그는 자연의 다른 어떤 존재도 역사적일 수 없는 방식으로 이미 역사적이다. 그러나 그 안에 있는 역사적인 잠재성은 단지 가능성에서 현실성으로의 전이 속에 있는 것에 불과할 것이다. 은유적으로 말하자면, 그것은 '각성하는' (awakening) 인간의 상태일 것이다. 그러나 이러한 상태를 검증할 수 있는 길은 없다. 하지만 이것은 후기 인간의 발전에 대한 토대로 요구될 수 있다. 또한 그것은 역사 이전의 인간에게 너무 많거나 적은 것을 귀속시키고 있는 인류의 초기 상태에 관한 비현실적인 이해를 무기로 사용될 수도 있다. 만일 그가 후기의 발달이나 심지어 성취의 상태를 선취하고 있는 모든 종류의 완전을 부여받고 있다면 너무 많은 것이 그에게 귀속되고 있는 것이다. 이에 대한 예는 아담에게 그리스도의 완전함을 귀속시키고 있는 낙원 신화에 대한 신학적인 해석과 '거룩한 야만'에 인본주의적인 인간 관념의 완전을 귀속시키고 있는 인류의 기원적인 상태에 대한 세속적인 해석이다.

다른 한편으로 만일 그가 적어도 보편의 가능성, 따라서 언어의 가능성이 없는 짐승으로서 간주된다면 너무 적은 것이 역사 이전의 인간에게 귀속되고 있는 것이다. 만일 이것이 사실이라면, 역사 이전의 인간이란 있을 수 없다. 그리고 역사적인 인간은 "무에서 창조"되었을 것이다. 그러나 모든 경험적 증거들은 이러한 가정에 반대한다. 역사 이전의 인간은 정신의 차원과 역사 차원을 실현하는 경향을 지니고 있으며 그의 발달 중에 실현을 향해 나아가고 있는 유기적인 존재이다. 동물적인 자기의식이 인간의 정신이 된 순간과 역사적인 차원 속으로 들어간 순간을 증명할 길은 없다. 한 차원으로부터 다른 차원으로의 전이는, 비록 그 전이의 결과는 그것이 나타날 때 분명하게 인지될 수 있을지라도 감추어져 있다. 우리는 역사적인 의식의 첫 번째 불꽃이 인류 속에서 언제 시작되었는지 알 수 없지만 이 의식의 표현들을 인식할 수는 있다. 우리는 모든 진화적 과정들의 느린 전환과 갑작스런 도약의 혼합 때문에 한 쪽에서 다른 쪽의 전이의 순간을 알 수 없을지라도 역사적인 인간과 역사 이전의 인간 사이를 구별할 수 있다. 만일 진화가 도약에 의해서만 진행된다면 우리는 도약의 결과들을 확인할 수 있을 것이다. 그리고 진화가 느린 전환에 의해서만 진행된다면 어떠한 급진적인 변화도 인지될 수 없을 것이다. 그러나 진화적 과정은 도약과 느린 전환 모두를 결합하고 있다. 따라서 비록 우리가 그 결과를 구별할 수는 있을지라도 그 결과가 나타나는 순간을 확정할 수는 없다. 역사 이전의 인류를 감싸고 있는 어두움은 예비된 학문적인 실패의 문제가 아니라 새로운 출현과 연관되어 있는 모든 진화적 과정들의 무한성의 문제이다. 역사적인 인간은 새로운 존재이지만 그는 역사 이전의 인간에 의해서 예비되고 선취된 존재이다. 그리고 전자에서 후자로의 전이 순간은 본질적으로 확정될 수 없다.

이와 비슷한 고찰이 역사 이후(posthistory)의 관념에 대해서도 주장되어야만 한다. 여기서 문제는 (현재의 인류가 아닌) 역사적인 인류가 종말에 다다르는 진화적 과정의 단계를 우리가 예상해야만 하는가의 여부이다. 이 물음의 의의는 인류의 미래와 그와 연관되어 있는 유토피아적 관념들의 관계성 속에 놓여 있다. 역사적인 인간의 마지막 단계는 성취의 궁극적인 단계, 즉 이 땅에 실현된 하나님의 나라와 동일시되어 왔다. 그러나 시간적인 의미의 '마지막'(last)은 종말론적인 의미의 '마지막'(final)이 아니다. 신약성서와 예수가 종말의 상징들을 연대기적인 틀 속에 집어넣으려는 시도에 저항한 것은 우연이 아니다. 심지어 예수조차도 종말이 언제 올 것인지를 알지 못했다. 종말은—비록 '미래'의 양식이 그 상징적 묘사 속에 사용되고 있을지라도—역사 이후의 인류 역사의 발달과 상관이 없었다. 이것은 오늘날의 경험 속에서 유추된 가능성들에 대해 역사적인 인류의 미래를 열어 놓는다. 예를 들어, 인류의 자기파괴적인 힘이 인류를 종말에 이르게 하는 것이 불가능한 것은 아니다. 또한 인류가 주어진 것을 초월할 수 있는 그의 잠재적인 자유를 상실하지 않을 것이라는 것(잠재적 자유의 상실은 인류를 더 이상 인간이 아닌 존재로 만들 것이다)과 또한 주어진 것에 대한 불만족과 새로운 것을 향한 충동을 상실할 것이라는 것은 가능한 것이다. 이러한 상태 속에 있는 인류의 특성은 니체가 묘사한 "모든 것을 알고" 있으면서도 어떤 것에도 관심을 가지고 있지 않은 "마지막 인간"과 유사할 것이다. 그것은 "축복받은 짐승"의 상태일 것이다. "용감한 새로운 세계"와 같은 20세기의 부정적인 유토피아는—그것이 옳든지 그르든지 간에—이러한 단계의 진화를 선취하고 있다. 제3의 가능성은 생물학적이고 물리학적인 조건들이 역사적인 인류의 지속을 위해서 점진적 또는 급진적으로 사라질 때까지 인류의 역동적인 운동이 인간의 잠재성들의 예견할 수 없는 실현을 향해서 지속될 가능성이다. 한편, 역사 이후의 인류에 대한 이런 저런 계기들은 "역사의 종말"과 같은 종말론적인 의미를 지닌 상징들로부터 벗어나서 조망되어야만 한다.

4) 역사의 담지자: 공동체, 인격, 인류

인간은 공동체 내의 다른 인격들과의 만남 속에서 자신을 인격으로서 실현한다. 정신적 차원의 자기 통합 과정은 인격과 공동체 모두를 실현한다. 비록 우리가 인격의 실현을 도덕적 원리와 관련하여 기술했을지라도, 우리는 공동체의 실현에 대한 논의를 이 지점에까지 연기해 왔다. 왜냐하면 공동체 내의 생명과정은 역사의 직접적인 담지자는 개인이라기보다는 집단이라는 사실에 따라서(개인은 단지 간접적인 담지자에 불과하다) 역사적인 차원에 의해서 즉각적으로 결정되고 있기 때문이다.

역사를 담지하는 집단들(history-bearing groups)은 중심을 이루어 행동하는 특징을 지니고 있다. 이 집단들은 자기에게 속해 있는 개인들을 연합시키고 비슷한 권력 집단들과의 만남 속에서 자기의 권력을 유지시킬 수 있는 중심화된 권력(centered power)을 가지고 있어야만 한다. 첫 번째 조건을 성취하기 위해서는 역사를 담지한 집단은 법을 부여하고 집행하며 강제하는 중심적인 권위를 가지고 있어야만 한다. 두 번째 조건을 성취하기 위해서 이 집단은 다른 권력들과의 만남 속에서 자신의 권력을 유지시킬 수 있는 도구를 가지고 있어야만 한다. 이 두 조건들은 소위 현대적인 용어로 말해서 '국가'(State) 속에 성취되어 있다. 이 점에서 역사는 국가의 역사이다. 하지만 이 주장은 몇 가지 제한이 필요하다. 첫째, 우리는 국가란 대가족, 씨족,

부족, 도시, 민족과 같은 국가 유사적인 조직체들 보다 훨씬 후대의 용어라는 사실을 지적해야만 한다. 이 조직체들에는 역사의 담지자가 되기 위한 두 가지 조건들이 이미 성취되어 있다. 둘째, 우리는 역사적인 영향이란 한 국가 내에 있거나 또는 많은 국가들과 연관되어 있는 경제적, 문화적, 종교적 집단들이나 운동들에 의해서 많은 방식으로 발휘될 수 있다는 것을 강조해야만 한다. 물론, 여전히 그들의 역사적인 영향은 역사를 담지하는 집단들의 내외적으로 조직된 권력의 실존에 의해서 결정된다. 많은 나라들에서 예술 양식의 시기가 황제나 일련의 황제들의 이름에 따라서 일컬어졌다는 사실은 모든 역사적인 실존에 대해서 영향을 끼치고 있는 정치적인 조직체의 기본적인 성격을 잘 드러내 준다.

역사를 담지한 집단은 내적인 권력과 외적인 권력을 지니고 있는 중심화된 집단(centered group)으로 묘사될 수 있다. 그러나 이것은 정치적 권력이란 양 방향 모두에서 집단의 생명과는 상관없는 메카니즘이라는 것을 의미하지 않는다. 모든 힘의 구조에는 에로스적 관계들(eros relations)이 조직체의 형태 밑바탕에 놓여 있다. 법을 실행하고 강제하는 힘 또는 정복에 의해서 법을 부과하는 힘은 그의 권위가 적어도 암묵적으로 인정받고 있는 중심적인 권력 집단을 전제로 한다. 그렇지 않다면 이것은 강제와 정복에 필요한 지지를 얻지 못할 것이다. 권력 구조의 지지자들이 이러한 암묵적 인정을 철회한다면 그것은 파괴되고 말 것이다. 여기서 지지는 소속의 경험에 근거하는 것이다. 이 소속의 경험은 공동체적 에로스의 형식이다. 이것이 지지 집단 안에 있는 권력에 대한 투쟁을 배제하지는 않지만, 그 집단을 다른 집단에 맞서서 결합시킨다. 이것은 가족으로부터 민족에 이르기까지 국가와 유사한 조직체들 속에서 명백하게 엿볼 수 있다. 혈연관계, 언어, 전통, 기억들은 권력 구조를 가능하게 하는 에로스의 많은 형태들을 창조하고 있다. 강제에 의한 보존과 정복에 의한 증가는 한 집단의 역사적인 권력을 뒤따르는 것이지 그 권력을 생산하는 것이 아니다. 모든 역사적인 권력 구조 내에 있는 강제의 요소는 역사적인 권력 구조의 토대가 아니라 그 권력 구조의 실존의 불가피한 조건이다. 동시에 만일 에로스적 관계가 사라지거나 에로스적 관계가 완전히 강제적인 힘에 의해서 대체된다면 강제의 요소는 그 자신의 파괴 원인이 되고 말 것이다.

권력 구조의 근간에 놓여 있는 에로스적 관계들이 자신을 나타내는 여러 방법들 중 하나는 법을 결정하고, 권력 중심에 의한 법의 집행을 결정하는 법적 원리들을 통해서이다. 역사를 담지한 집단의 법적 체계는 정의의 추상적 개념이나 권력 중심의 권력에의 의지에서 기원되지 않는다. 양쪽 요소는 모두 정의의 구체적인 구조에 기여한다. 또한 이 요소들은 어느 한 쪽이 다른 쪽을 압도적으로 지배한다면 정의의 구체적인 구조를 파괴시킬 수 있다. 왜냐하면 이 요소들은 어느 것도 국가와 같은 구조의 토대가 될 수 없기 때문이다. 모든 법적 체계의 토대는 그것들이 안에서 나타나는 에로스적 관계들이다.

그러나 역사를 담지한 집단은 내부적인 통일성과 외부적인 안전을 실행하는 집단의 힘에 의해서 만들어질 뿐 아니라 그것이 추구하는 목적에 의해서 만들어지기도 한다. 역사는 수평적인 방향으로 흐른다. 그리고 역사에 이런 방향을 부여하는 집단들은 그들이 추구하는 목적과 그들이 성취하려고 하는 운명에 의해서 결정된다. 우리는 이것을 역사를 담지한 집단의 '소명 의식'(vocational consciousness)이라고 부를 수 있다. 이것은 그 성격뿐만 아니라 의식의 정도나 동기를 부여하는 힘에 있어서도 집단마다 다르다. 그러나 소명감은 역사적인 인류의 초창기 때부터 현존해 왔다. 아마도 그것의 가장 뚜렷한 표현은 이스라엘의 소명 의식의 상징적 표현이 되고 있는 아브라함의 소명이다. 그리고 우리는 중국, 이집트, 바벨론에서도 그와 유사한 형태들을 발견할 수 있다. 그리스인의 소명 의식은 그리스인과 야만인 사이의 구별에 의해서 표현되었고, 로마인의 소명 의식은 로마법의 우월성 위에 기초하고 있었다. 중세 독일의 소명 의식은 게르만 민족이 세운 신성 로마제국의 상징에 기초하고 있었고, 이탈리아의 소명 의식은 르네상스 문명의 '재생'에 기초하고 있었으며, 스페인의 소명의식은 가톨릭에 의한 세계 통일의 이념에 기초하고 있었다. 프랑스의 소명 의식은 지적인 문화를 이끌어가는 그의 지도력에 기초하고 있었으며, 영국의 소명 의식은 모든 민족을 기독교적인 인본주의에 복종시킨다는 과제에 기초하고 있었다. 러시아의 소명 의식은 서방세계를 동방교회의 전통을 통해서 또는 맑시즘의 예언을 통해서 구원한다는 것에 기초하고 있었고, 미국의 소명 의식은 낡은 세계의 저주가 극복되고 민주주의의 전파가 성취된 새로운 시작에 대한 신념에 기초하고 있었다. 소명 의식이 사라지거나 결코 충분하게 발달하지 못한 곳에서는, 예를 들어 19세기 독일이나 이탈리아, 그리고 인위적인 국경선을 가지고 있었던 작은 나라들에서는 공격적인 의미이든 아니면 단지 방어적인 의미에서든 간에 권력의 요소가 압도적인 것이 되었다. 그러나 이와 같은 경우에서도 최근의 독일이나 이탈리아가 보여준 것처럼 소명적인 자기이해의 요구가 너무 강해서 나치 인종주의라는 부조리가 받아들여졌다. 왜냐하면 그것이 진공상태를 채웠기 때문이다.

　소명 의식의 존재는 역사의 내용이 역사를 담지한 집단의 모든 차원의 삶이라는 것을 나타내준다. 삶의 어떤 차원도 집단의 살아 있는 기억으로부터 배제될 수는 없다. 그러나 선택에는 차이가 있다. 정치적 영역은 언제나 우세하다. 왜냐하면 그것은 역사적인 실존의 구성요소이기 때문이다. 이런 틀 안에서 사회적, 경제적, 문화적, 종교적 발전이 똑같이 고려될 수 있다. 어떤 시대에는 이들 중에서 하나가 더 강조되고, 다른 시대에는 덜 강조된다. 확실히 인간의 문화적 기능들의 역사는 역사를 담지한 어떤 구체적인 집단에 한정되지 않고, 심지어 가장 큰 집단에도 한정되지 않는다. 그러나 만일 문화사가나 종교사가 정치적인 국경선을 횡단한다면, 그는 이것이 현실적인 삶으로부터 추상이라는 것을 깨닫게 될 것이다. 또 그는 '정치적인' 단위가―그것이 크든지 작든지 간에―모든 문화적 삶의 조건이라는 것을 잊을 수 없을 것이다. 정치사의 우위성은 관념론적 역사가에 의해서 요구되는 독립된 지식사를 위해서도 유물론적인 역사가에 의해서 요구되는 결정된 경제사를 위해서도 경시되어서는 안 된다. 역사 자체는 이스라엘의 시온주의나 러시아 공산주의에서처럼 후자의 요구들이 거의 성취된 것처럼 보일 때마다 그것을 배격해왔다. 성서가 역사의 의미를 나타낸 상징이 정치적이라는 것, 즉 "영의 삶"이나 "경제적 풍요"가 아닌 "하나님의 나라"라는 것은 매우 뜻 깊은 것이다. 정치적 영역을 특징짓는 중심성의 요소가 하나님의 나라를 역사의 궁극적인 목적을 나타내주는 적절한 상징으로 만들어 주고 있다.

이것은 우리가 특정한 인간 집단이 아닌 인류(mankind)를 역사의 담지자로 부를 수 있는가의 물음으로 이끌어 간다. 왜냐하면 집단의 제한된 성격은 필연적으로 하나님의 나라의 상징 속에 내포되어 있는 통일성을 파괴하는 것처럼 보이기 때문이다. 그러나 이런 식의 물음은 역사의 목적은 역사 안에 있지 않다는 대답을 손상시킬 수 있다. 통일된 인류는 역사 안에는 존재하지 않는다. 확실히 이것은 과거에도 존재하지 않았고, 미래에도 존재하지 않을 것이다. 왜냐하면 정치적으로 통일된 인류는―상상할 수는 있을지라도―집중선과 방사선 사이의 대각선이 될 것이기 때문이다. 인류의 정치적 통일은 주어진 모든 것을 능가하는 역동성을 지니고 있는 인간의 자유의 결과물, 즉 분열의 틀(frame)이 될 것이다. 이러한 상황은 인류의 통일이 역사의 종말일 때만 또는 인류의 통일성이 인간의 자각된 자유가 정지하게 되는 역사 이후의 단계의 틀일 때만 달라질 것이다. 이것은 '동물적 축복'(animal blessedness)의 상태일 것이다. 역사가 계속되는 한, 통일된 인류는 분열된 인류의 틀이 될 것이다. 오직 역사 이후에서만 분열은 사라질 것이다. 그러나 이와 같은 단계는 하나님의 나라가 아닐 것이다. 왜냐하면 하나님의 나라는 '동물적 축복'이 아니기 때문이다.

한편, 역사적인 집단은 개인들의 공동체이다. 이 집단은 그것을 구성하고 있는 개인들과 나란히 있는 것이 아니고 개인들 위에 있는 것도 아니다. 역사적인 집단은 개인들의 사회적 기능의 산물이다. 사회적 기능(다른 모든 기능들처럼)은 개인들로부터 부분적으로 독립해 있는 구조를 생산한다. 그러나 이 독립은 의지와 행위의 중심을 지니고 있는 새로운 실재를 생산하지는 못한다. 의지하고 행위하는 것은 '공동체'가 아니다. 중심을 가능하게 만듦으로써 공동체적 행위를 가능하게 만드는 것은 사회적 특징을 지니고 있는 개인들과 이들의 대표자들이다. "집단을 인격화하는 기만"은 폭로되고 비난되어야만 한다. 특히 폭군에 의한 이러한 기만의 남용은 지적되어야 한다. 여기서 우리는 다시 묻지 않으면 안 된다. 개인은 어떤 의미에서 역사의 담지자인가? 집단을 인격화하려는 시도에 대한 비판에도 불구하고 대답은 다음과 같은 것이 되지 않으면 안 된다. 즉, 개인은 역사를 담지한 집단과의 관계 속에서만 역사의 담지자이다. 개인적인 삶의 과정은 역사가 아니다. 그러므로 전기(biography)는 역사가 아니다. 그러나 전기는 역사를 담지한 집단을 행동적으로 그리고 상징적으로 대표하는 누군가(시저, 링컨)의 이야기로서는 또는 집단 내의 평균적인 상황을 대표하는 개인(농민, 시민)으로서는 의미있는 것이 될 수 있다. 역사적으로 중요한 개인과 집단의 관계는 '광야'에 은둔하기 위해서 또는 추방당해 공동체를 떠난 사람들에 있어서는 특히 분명해진다. 그들이 역사적으로 중요한 사람들인 한, 그들은 그들이 떠나온 그리고 그들이 되돌아갈지도 모르는 집단과 여전히 관계를 맺고 있다. 그렇지 않다면 그들은 자신들이 들어간 새로운 집단과 관계를 확립하고 그곳에서 역사적으로 중요한 인물이 될 것이다. 그러나 이들은 단순한 개인들로서는 어떠한 역사적인 중요성도 가질 수 없다. 역사는 집단들의 역사이다.

그러나 이 주장은 누가 역사적인 과정을 결정하는가, '위대한' 개인들인가 아니면 대중운동인가의 물음에 대해서는 대답이 되지 못한다. 이런 식의 물음은 대답될 수 없다. 왜냐하면 어느 한쪽의 견해를 지지해 줄 수 있는 어떠한 경험적 증거도 발견될 수 없기 때문이다. 또한 이 물음은 오해를 줄 수도 있다. 역사에서 '위대한'이란 형용사는 역사를 담지한 집단들의 운동의 지도자들과 같은 위대한 사람들에게 귀속되고 있다. '위대한'이란 용어의 의미는 대중과의 관계를 함축하고 있다. 잠재적이고 역사적인 위대성을 가지고 있었지만 결코 그것을 실현하지 못했던 개인은 위대하다고 불릴 수 없다. 왜냐하면 위대성의 잠재성은 그 실현에 의해서만 검증될 수 있기 때문이다. 구체적으로 말하면, 역사를 담지한 집단에 의해서 받아들여지지 않는 사람은 역사적인 위대성을 성취할 수 없다고 말해야만 할 것이다. 다른 한편, 대중운동은 대다수의 잠재성과 현실적인 경향들이 의식되고 정형화되는 개인의 생산적인 능력 없이는 결코 일어날 수 없다. 역사를 결정하는 것이 개인인가 아니면 대중인가의 물음은 양쪽의 상호작용에 대한 정확한 기술로 대체되어야만 한다.

2. 역사와 존재의 범주들

1) 생명과정과 범주들

우리는 《조직신학》 제2부 "존재와 하나님"에서 주요 범주들(시간, 공간, 인과성, 실체)에 대해서 논의하였고, 이 범주들과 존재의 유한성과의 관계를 고찰했다. 하지만 우리가 제4부 "생명과 성령"에서 생명의 다양한 차원들의 특징을 살펴볼 때 우리는 범주와 차원들 사이의 관계에 대해서는 고찰하지 않았다. 이것을 빼놓은 이유는 이 관계를 역사적인 차원을 포함하여 총체적으로 고찰하기 위해서였다.

개개의 범주는 그것이 작용하고 있는 차원에 따라서 구별된다. 예를 들어 모든 차원들, 즉 무기적, 유기적, 심리학적, 역사적인 차원에는 '하나의' 시간이 있는 것이 아니다. 물론, 이들 각각에는 시간이 존재한다. 시간은 독립된 개념인 동시에 관계적인 개념이다. 즉, 시간은 유한성의 전 영역에서 여전히 시간이다. 하지만 아메바의 시간과 역사적인 인간의 시간은 다르다. 그리고 이것은 다른 범주에 대해서 말할 때도 마찬가지이다. 그러나 우리는 네 개의 범주들 각각에 정체성을 부여해 주는 것에 대해서 기술할 수 있고, 또한 다음과 같은 식으로 그 용어의 정체성을 정당화할 수 있다. 즉, 우리는 모든 차원에서 시간을 시간으로 만드는 것을 "상호연속성"(서로 연속하여 있음, after-each-other-ness)의 요소로서 정의할 수 있다. 시간성이라는 것은 각각의 형태 속에 있는 상호연속성을 뜻한다. 물론, 그러한 정의는 이 연속성이라는 구절 속에 내포되어 있는 시간의 범주를 사용하지 않고서는 불가능한 것이다. 그럼에도 불구하고 이 상호연속성의 요소를 추론하는 것은 쓸모없는 일이 아니다. 왜냐하면 이것은 여전히 모든 형태의 시간의 기초이지만 다양한 차원 하에서 다양한 방식으로 제한되고 있기 때문이다. 같은 방식으로 우리는 모든 차원 하에서 공간을 공간으로 만드는 것을 "상호인접성"(서로 곁에 있음, beside-each-other-ness)의 요소로서 정의할 수 있다. 또다시 이것은 참된 정의가 아니다. 왜냐하면 이것은 정의되어야만 하는 것을 정의 속에서 사용하고 있기 때문이다. 즉, 공간의 범주가 상호인접성이라는 구절 속에 내포되어 있다. 여기서 또다시 이 상호연속성의 요소를 추론하는 것은 유용한 것처럼 보인다. 왜냐하면 이것은 아무리 다른 요소에 의해 제한될지라도 공간을 공간으로 정의하기 때문이다. 하나의 원인을 원인으로 만드는 것은 뒤따라오는 상황이 선행하는 상황에 의해서 영향을 받는 관계이다. 물론 이 영향의 특성은 생명의 다양한 차원들 안에서는 각각 다르다. 운동 중에 있는 한 고체가 다른 고체에 대해서 영향받는 것은 하나의 역사적 사건이 이전의 사건에 의해서 영향을 받는 것과는 다르다. 실체의 범주는 소위 "우발적인 사건들"(accidents)의 변화 속에 여전히 존재하고 있는 통일성을 나타내 준다. 이것은 문자적으로 말하면 생성과정의 밑바닥에 놓여 있으면서 그 과정에 통일성을 부여해 주고 이것을 어느 정도 지속하는 특정한 사물로 만들어 주는 것을 뜻한다. 실체의 이런 의미가 모든 차원의 대상들을 특징짓는다. 하지만 같은 방식으로 특징짓는 것은 아니다. 화학적 실체와 그것의 사건들 사이의 관계는 봉건문화의 실체와 그것의 현현 사이의 관계와 다르다. 그러나 "변화 속에서 여전히 존속하는 통일성"은 양쪽의 실체 모두를 똑같이 규정한다.

　이제 제기되는 문제는 생명의 차원들과 범주들 사이의 관계가 나타내 주는 차이에도 불구하고 각각의 범주들에는 정의를 결정하는 요소에 있어서 뿐만 아니라 정의가 적용되며 제한되기도 하는 실현된 형태에 있어서도 통일성이 있는가의 여부이다. 구체적으로 말하자면 우리는 다음과 같이 질문할 수 있을 것이다. 모든 형태의 시간성을 포괄하는 시간이 있는가? 모든 형태의 공간성을 포괄하는 공간이 있는가? 모든 형태의 인과성을 포괄하는 인과성이 있는가? 모든 형태의 실체성을 포괄하는 실체성이 있는가? 우주의 모든 부분이 동시적이며, 공간을 함께 공유하고 있으며, 인과적으로 서로 영향을 받지만 실체적으로는 서로 구별된다는 사실은 우주의 범주적인 통일성에 관한 물음에 대해서 긍정적인 대답을 요구한다. 그러나 이 통일성은 우주로서의 우주처럼 알려질 수 없다. 생명의 어떤 차원과도 연관되어 있지 않지만 모든 차원과 연관되어 있으면서 그 모든 차원을 초월하는 시간의 성격은 존재 자체의 신비에 속한다. 정체성을 확인할 수 있는 어떠한 시간적인 과정과도 연관되어 있지 않은 시간성은 시간을 창조하는 초시간적인 시간의 근거 안에 있는 한 요소이다. 정체성을 확인할 수 있는 어떠한 공간과도 연관되어 있지 않은 공간성은 공간을 창조하는 초공간적인 공간의 근거 안에 있는 한 요소이다. 정체성을 확인할 수 있는 어떠한 인과 관계와도 연관되어 있지 않은 인과성은 원인을 창조하는 초인과적인 인과성의 근거 안에 있는 한 요소이다. 정체성을 확인할 수 있는 어떠한 실체적 형태와도 연관되어 있지 않은 실체성은 실체를 창조하는 초실체적인 실체성의 근거 안에 있는 한 요소이다. 이와 같은 고찰은 이전에 제기되었던 물음에 대해서 직접적인 중요성을 가지고 있을 뿐만 아니라 종교적 언어 속에서 범주들을 상징적으로 사용할 수 있는 토대를 제공해 준다. 이런 사용은 정당한 것이다. 왜냐하면 범주들은 그들의 본성 속에 자기초월의 지점을 가지고 있기 때문이다.

다음의 예들은 그것들이 역사적인 과정들의 이해에 있어서 얼마나 중요한지에 따라서 선택되었다. 이것은 마치 네 개의 범주들이 종교적인 언어의 이해에 있어서 얼마나 중요한지에 따라 선택되었던 것과 마찬가지이다. 다른 범주들이나 생명의 다양한 차원들 안에서 그들의 기능의 다른 예들이 선택될 수도 있을 것이다. 범주에 대한 분석은 완전하지 않다. 그리고 아마도 이 분석은 범주론의 역사가 보여주었던 것처럼 그 본성에 의해서 완전할 수도 없을 것이다. 범주들과 영역들 사이의 경계선은 무제한적인 재구성의 과정에 열려져 있다.

2) 시간과 공간과 생명의 일반적인 차원들

시간과 공간을 상호의존적으로 다루는 것은 편리할 뿐만 아니라 어떤 점에서는(칸트가 보여준 것처럼) 불가피하다. 존재의 영역에는 시간이나 공간이 우세한 정도에 따라서 비례적인 관계가 존재한다.

일반적으로 우리는 다음과 같이 말할 수 있다. 어떤 영역이 무기적 차원의 지배 아래 있을수록 그만큼 더 공간의 지배 안에 있게 된다. 그와는 반대로 어떤 영역이 역사적인 차원의 지배 안에 있을수록 그것은 그만큼 더 시간의 지배 안에 있게 된다. 이러한 사실은 삶과 역사 해석에 있어서 "시간과 공간 사이의 투쟁"을 가져왔다. 이 투쟁은 종교사에서 가장 현저하게 나타나고 있다.

무기적인 차원에 의해서 결정된 영역에서는 공간이 거의 무제한적으로 지배적인 범주이다. 확실히 무기물은 시간 속에서 움직인다. 그리고 무기물의 움직임은 시간적인 단위로 계산된다. 하지만 이 계산은 물리적 과정을 공간의 '네 번째 차원'으로 계산하도록 만든다. 물리적 대상들의 공간적 견고함, 즉 자기 자신들을 위해서 침투할 수 없는 특별한 장소를 제공하려는 대상들의 능력은 모든 사람의 일상적인 실존 속에서 지속적으로 마주치게 된다. 실존한다는 것은 무엇보다도 다른 모든 존재들의 장소 가운데서 하나의 장소를 가지고 있다는 것 그리고 자신의 장소를 상실하게 하는, 그와 더불어서 실존 전체를 상실하게 하는 위협에 저항하고 있다는 것을 의미한다.

모든 공간을 특징짓는 상호인접성의 특성은 무기적인 영역에서는 배타성의 특성을 가지고 있다. 똑같은 배타성이 무기적 차원의 지배 안에 있는 시간을 특징짓는다. 시간의 흐름의 연속성에도 물리적 과정에서의 모든 분간할 수 있는 시간의 순간은 그에 선행하는 순간과 뒤따르는 순간을 배제한다. 강바닥에 흐르는 한 방울의 물은 이 순간에는 여기에 있고 다음 순간에는 저기에 있다. 그리고 이 순간들을 결합시킬 수 있는 것은 아무것도 없다. 시간성의 연속성을 배타적으로 만드는 것은 시간의 이러한 성격이다. 그리고 이런 종류의 시간의 무한한 연속을 영원에 대한 상징적인 재료로 사용하는 것은 나쁜 신학이다.

생물학적인 차원에 의해서 결정된 영역에서는 시간과 공간 양쪽 모두에 대해서 새로운 특성이 나타난다. 상호인접성과 상호연속성의 배타성은 참여의 요소에 의해서 파괴된다. 한 그루의 나무 공간은 서로 결합되지 않은 무기적 부분들이 집합된 공간이 아니라 상호의존적인 요소들이 통일된 공간이다. 뿌리와 잎은 그것들이 무기적 차원에 의해서 결정된 한에서만 배타적인 공간을 가지고 있다. 그러나 유기적 차원의 지배 안에서 이것들은 서로 참여한다. 이로써 뿌리에서 일어난 것은 잎에서도 일어난다. 그리고 그 반대도 마찬가지이다. 뿌리와 잎 사이의 거리는 배타성의 특성을 가지고 있지 않다. 마찬가지로 시간성의 배타적인 상호연속성도 성장 단계의 상호간의 참여에 의해서 파괴된다. 즉, 현재 지금 속에서 과거와 미래가 작용한다. 그리고 여기에서만 시간의 양태들은 현실적인 것이 되고 실재를 특징짓는다. 어린 나무에서 고목은 '아직 아님'으로서 포함되어 있고 반대로 어린나무는 고목에 "더 이상 아님'으로서 포함되어 있다. 살아 있는 존재의 성장 단계에서 성장의 모든 단계를 내재하고 있는 것은 시간의 배타성을 극복한다. 나무의 모든 부분의 공간이 전체 나무인 것처럼 성장 과정의 모든 순간의 시간이 전체 과정이다.

동물의 삶 속에서 자기의식의 차원이 나타날 때, 현재에 대한 과거와 미래의 내재는 기억과 기대로서 경험된다. 여기서 시간의 양태들의 내재는 현실적일 뿐만 아니라 현실적인 것으로서 알려진다. 심리학적인 영역에서(자기의식의 지배 하에서) 살아 있는 존재의 시간은 경험된 시간이다. 이 시간은 참여의 입장에서 기억된 과거와 기대된 미래를 포함하는 경험된 현재이다. 참여는 동일성이 아니며, 상호연속성의 요소는 제거되지 않는다. 그러나 이 배타성은 현실에 있어서나 의식에 있어서도 파괴된다. 자기의식의 차원 안에서 공간성은 시간성과 상관적이다. 모든 형태 공간의 상호인접성이 부분적으로 극복되는 곳은 자기결정적인 운동의 공간이다. 동물의 공간은 그의 몸의 물리적인 실존에 의해서 취해진 공간일 뿐만 아니라 자기결정적인 운동의 공간이기도 하다. 자기결정적인 운동의 공간은 예를 들면 몇몇 하등 동물에서처럼 매우 작을 수 있고 철새들처럼 매우 클 수도 있다. 이 동물들의 운동의 공간은 '그들의' 공간이다. 성장과 자기의식의 시간과 공간에서는 공간이 여전히 시간보다 우세하다. 하지만 공간의 절대적인 우세는 파괴된다. 말하자면, 성장의 방향과 자기의식의 미래적인 성격에 있어서는 시간이 공간에 대한 그의 예속을 완전히 돌파하려고 준비한다. 이 돌파는 역사의 차원 속의 시간("역사적인 시간") 속에서 일어난다.

정신의 차원이 지배적인 것으로 나타남과 더불어서, 또 다른 형태의 상호인접성과 상호연속성이 나타난다. 이것은 정신의 시간과 공간이다. 추상의 능력과 함께 주어지는 이들의 첫 번째 성격은 본질적인 무한계성이다. 정신은 한계를 초월함으로써 한계를 경험한다. 창조의 행위에서는 기본적으로 언어와 기술에 있어서는 유한한 것은 무한히 자신을 초월하려는 가능성과의 대조 속에서 유한한 것으로 나타난다. 이것이 시간과 공간의 성격이 유한한 것인가, 무한한 것인가의 물음에 대한 대답이다(이것은 칸트가 깨달았듯이 어거스틴과 쿠자누스의 전통을 따르는 것이다). 이 물음은 무기적이고 유기적이며 심리학적인 시간과 공간의 맥락에서는 대답될 수 없고, 창조적 정신의 시간과 공간의 맥락에서만 대답될 수 있다. 창조적 정신의 시간은 추상적인 무한성의 요소와 구체적인 제한성의 요소를 결합한다. 정신의 행위로서의 창조의 본성 자체가 이러한 이중성을 포함하고 있다. 창조한다는 것은 선험적인 한계 없이 수평적인 방향으로 주어진 것을 초월한다는 것을 의미한다. 그리고 이것은 무엇인가를 특정한 구체적인 실존 속으로 가져온다는 것을 뜻한다. "자기 제한이 주인을 보여준다" (Self-limitation shows the master)는 말은 창조적 행위에서의 무제한의 가능성과 한계의 필연성을 함축해 준다. 정신의 차원 안에서 시간의 구체성은 시간에 질적인 성격을 부여해 준다. 창조물의 시간은 그것이 창조되는 물리적인 시간에 의해 결정되지 않고 물리적인 시간에 의해서 사용되거나 변형되는 창조의 맥락에 의해서 결정된다. 그림의 시간은 그것이 그려지는 시간의 길이가 아니고 그것이 완성되는 날도 아니다. 그림의 시간은 그것이 속해 있는 또는 그것이 어느 정도 변화시키는 그림을 그리는 과정의 상황에 의해서 특징되는 시간이다. 정신은 비록 물리적인 시간 전체 속에 놓여 있지만 물리적인 시간에 의해서 측정될 수 없는 시간을 가지고 있다. 물론, 이것은 물리적인 시간과 정신의 시간이 어떻게 서로 연관되는가의 물음, 즉 역사적인 시간의 물음으로 우리를 이끌어 간다.

　이와 비슷한 진술이 정신의 공간에 대해서도 주장된다. 공간과 정신의 결합은 이상하게 보인다. 하지만 이것은 정신이 생명의 다른 모든 차원들과 통일성 속에 있는 생명의 한 차원으로서 이해되는 대신에 몸 없는 존재의 단계로서 이해될 때만 그렇다. 실제로 정신은 시간과 공간 모두를 가지고 있다. 창조적인 정신의 공간은 추상적인 무한성의 요소와 구체적인 한계의 요소를 결합한다. 주어진 환경의 창조적인 변형은 그 환경이 부과하는 어떠한 한계도 갖지 않는다. 창조적 행위는 상상에서 뿐만 아니라 현실에서도 (우리 시대의 이른바 공간 정복에서 볼 수 있는 것처럼) 공간으로 무한히 뻗어 나간다. 그러나 창조는 구체성을 포함한다. 그리고 상상은 주어진 환경으로 되돌아가지 않으면 안 된다. 그리고 이것은 초월과 회귀의 행위를 통해서 특수한 성격을 지니고 있는 보편적인 공간의 일부가 된다. 이것은 집, 마을, 도시와 같은 거주 공간이 되고, 사회적 질서 안에 위치한 사회적 공간이 된다. 그리고 이것은 가족, 이웃, 부족, 국가와 같은 공동체의 공간이 되며, 토지, 공장, 학교, 스튜디오와 같은 작업 공간이 되기도 한다. 이 공간들은 물리적인 공간의 틀 안에 놓여 있지만 그것에 의해서 측정되는 것을 피할 수 없는 질적인 것이다. 여기서 제기되는 문제는 물리적인 공간과 정신의 공간이 어떻게 서로 연관되는가, 즉 역사적인 공간의 문제이다.

3) 역사의 차원의 시간과 공간

물리적인 시간 및 공간과 정신적인 차원의 시간 및 공간 사이의 관계의 문제는 우리를 역사와 범주들의 문제로 이끌어 간다. 우리가 본래적인 의미에서 역사라고 부르는 과정들, 즉 인간에게만 한정된 과정들에서는 모든 형태의 상호연속성과 상호인접성이 직접적으로 작용하고 있다. 즉, 역사는 무기적인 영역의 시간과 공간 속에서 움직이고 있다. 역사에는 중심화된 집단들이 존재하는 데 이들이 자기의식의 차원과 유사한 방식으로 기관들을 성장시키고 성숙시키며 발달시킨다. 그러므로 역사는 성장과 자기의식에 의해서 특징된 시간과 공간을 포함한다. 그리고 역사는 정신적 차원의 생명에 의해서, 즉 상호의존성에 의해서 결정되기도 한다. 역사에는 정신의 창조적인 행위와 함께 정신의 시간과 공간이 항상 현존한다.

그러나 역사적인 시간과 공간은 이전의 차원들의 시간적이고 공간적인 특징들을 초월하는 특징들을 보여준다. 무엇보다도 역사에서는 시간이 공간보다 우세하다. 이것은 무기적인 영역에서 공간이 시간보다 우세한 것과 같은 것이다. 그러나 이들 양 극단의 관계는 단순한 대극성(polarity)의 관계가 아니다. 역사에서는 무기적인 것의 잠재성이 현실적인 것이 된다. 그러므로 실현된 역사적인 영역은 실현된 무기적 영역을 포함한다. 그러나 그 반대는 아니다. 이러한 관계는 시간과 공간에도 적용된다. 역사적인 시간은 무기적인 시간을 현실적으로 포함한다. 하지만 무기적인 시간은 역사적인 시간을 잠재적으로만 포함한다. 모든 역사적 사건에서 전자는 무기적인 시간의 질서에 따라서 움직이지만 모든 전자의 운동이 역사적 사건에 토대를 제공하는 것은 아니다. 시간과 관련된 이와 같은 대조적인 차원들의 차이는 유비적으로 공간에 대해서 말할 때도 마찬가지이다. 역사적인 공간은 성장, 자기의식, 창조의 공간뿐만 아니라 물리적인 영역의 공간도 포함하고 있다. 그러나 유기적이고 무기적인 영역에서 시간이 공간에 예속되었던 것처럼 역사적인 차원에서는 공간이 시간에 예속되어 있다. 역사의 영역에서 시간과 공간의 특별한 관계는 먼저 역사적인 시간의 분석을 요구한다.

역사적인 시간은 상호연속성의 형태의 결정적인 성격에 기초하고 있다. 이 성격은 불가역성(irreversibilty)이다. 시간은 어떤 차원에서도 뒤로 가지 않는다. 특수한 순간의 시간적 특성들은 반복될 수 있지만 그것은 단지 전체 상황으로부터 추상된 특성일 뿐이다. 그 특성이 나타나는 상황은 예를 들어 해가 지는 것이나 많은 사람들에 의해서 창조적인 새로운 것이 거부되는 것은 각 시간마다 다른 것이고, 따라서 추상된 요소조차도 유사성만을 가질 뿐이지 동일성을 갖는 못한다. 말하자면, 시간은 심지어 반복 속에서도 새로운 것, 독자적인 것, 고귀한 것을 향하여 나아간다. 이 점에서 시간은 모든 차원 안에서 동일한 흔적을 가진다. 즉, 상호연속성은 역전될 수 없다. 그러나 이 공통적인 기반 위에서 역사적인 시간은 그 자신의 특성을 가진다. 역사적인 시간은 정신의 시간, 즉 창조적인 시간과 결합하여 성취를 향하여 나아가는 시간으로서 나타난다. 모든 창조적인 행위는 무엇인가를 목적으로 한다. 모든 창조적 행위의 시간은 창조적인 의도의 비전과 실존에 이르게 하는 창조 사이의 시간이다. 그러나 역사는 모든 창조적 행위를 수평적으로 초월한다. 역사는 모든 창조 행위들의 장소이며, 그들의 상대적인 성취에도 불구하고 그들 각각을 미완성으로 특징짓는다. 역사는 그 모든 것을 초월하여 상대적이지 않은, 성취를 위해서 또 다른 시간성을 필요로 하지 않는 성취를 향하여 나아간다. 정신의 담지자인 역사적인 인간에게 있어서, 성취를 향하여 달려가는 시간은 그의 본성을 의식하게 된다. 인간에게 있어서는 시간이 향해 달려가는 것이 의식적인 목적이 된다. 역사적인 집단에 의한 역사적 행위는 모든 특수한 창조를 초월하며, 역사적인 실존 자체의 목적으로 생각되는 성취를 향하여 나아간다. 그러나 역사적인 실존은 보편적 실존에 깊이 묻혀 있어서 그것으로부터 분리될 수 없다. "자연은 역사에 참여하고" 또한 우주의 성취에 참여한다. 역사적인 시간과 관련하여 말하면, 역사적인 시간이 추구하는 성취와 모든 차원의 시간이 추구하는 성취는 일치한다. 역사적인 행위에서는 보편적인 시간의 성취가 의식적인 목적이 된다. 이 목적을 표현해 오고 이 목적을 표현해야만 하는 상징들에 대한 문제는 '역사의 종말'에 대한 문제와 동일한 것이다. 전자의 문제는 후자의 문제에 대한 대답과 함께 대답되어야만 한다. 우리의 맥락에서 주어진 대답은 '영원한 생명'이다.

　비역사적인 차원의 시간은 끝 없는(endless) 것이 아니고 끝 있는(ending) 것도 아니다. 이 시간의 시작에 대한 물음은 질문될 수 없다(신학은 물리적 시간의 가정된 시작과 창조의 상징을 동일시하는 것을 단념해야만 한다). 이 시간의 끝에 대한 물음도 질문될 수 없다(신학은 가정된 물리적인 끝과 완성의 상징을 동일시하는 것을 단념해야만 한다). 역사의 끝은 '끝'(end)이라는 단어가 지시하는 것처럼 역사의 목적(aim)이다. 이 끝은 그 목적이 어떻게 그려지든지 성취된 목적이다. 하지만 끝이 있는 곳에 시작이 있어야만 한다. 이 시작은 실존이 미완성으로 경험되고 성취를 향한 충동이 시작되는 순간이다. 시간의 시작과 끝은 본질적으로 그리고 매 순간마다 역사적인 시간에 속하는 특성들이다. 생명의 다차원적인 통일성에 따르면, 공간 없는 시간이란 있을 수 없고, 따라서 역사적인 공간 없는 역사적인 시간도 있을 수 없다. 역사적인 차원의 공간은 시간의 지배 안에 있다. 모든 공간적 관계들의 상호인접성은 역사적인 차원에서는 역사를 담지한 집단들의 만남으로서 또는 그들의 분리와 갈등과 재결합으로서 나타나고 있다. 공간적 관계들이 위치하고 있는 공간은 다양한 차원의 다양한 종류와 상호인접성에 의해서 특징된다. 그러나 이것을 넘어서 공간적 관계들은 그 관계들과 창조적 잠재성을 절멸시키지 않고 그것 모두를 초월하는 통일성을 향해 나아가는 특징을 가지고 있다. 역사적인 시간이 추구하는 목적을 지시하고 있는 "하나님의 나라"의 상징에는 공간적 요소가 분명하다. 즉, '나라'는 하나의 영역이며, 다른 장소들 곁에 있는 하나의 장소이다. 물론, 하나님이 그곳의 통치자인 장소는 다른 장소들과 나란히 있는 장소가 아니라 모든 장소들을 초월해 있는 장소이다. 그럼에도 불구하고 그것은 하나의 장소이지 이원론적인 의미에서의 공간 없는 '영성'이 아니다. 성취를 향하여 달려가는 역사적인 시간은 역사적인 공간의 관계들 속에서 현실적이다. 그리고 역사적인 시간이 다른 모든 형태의 시간을 포함하고 있는 것처럼, 역사적인 공간도 다른 모든 형태의 공간을 포함하고 있다. 역사적인 시간 속에서 상호연속성의 의미가 자각되고 인간적인 문제가 되고 있는 것처럼, 역사적인 공간 속에서는 상호인접성의 의미가 자각되고 문제가 되고 있다. 어느 경우에서도 대답은 역사적인 과정의 목적에 관한 물음에 대한 대답과 동일한 것이다.

4) 인과성과 실체와 생명의 일반적인 차원들

역사적인 차원의 인과성(causality)은 실체와의 대조와 통일성 속에서 고려되지 않으면 안 된다. 그러나 역사적인 차원 안에서의 인과성과 실체의 특수한 성격을 이해하기 위해서는 다른 영역에서의 이들의 본성이 분석되지 않으면 안 된다. 시간과 공간의 경우에서처럼 다양한 인과성에도 공통적인 요소가 존재한다. 즉, 그것은 하나의 복합체는 그것을 선행하는 다른 복합체가 없었다면 현재의 그것으로서 존재할 수 없었을 정도로 다른 복합체를 선행하고 있다는 것이다. 하나의 원인은 조건이 되는 선행자이다. 그리고 인과성은 모든 것에는 조건이 되는 선행자가 있다는 것에 따른 사물들의 순서이다. 유한성의 이해에 있어서 이 순서의 의미는 조직신학의 다른 부분에서 논의된 적이 있다.[1] 따라서 여기서 제기되는 문제는 다음과 같은 것이다: 어떻게 조건이 붙여지는 것이 다양한 차원 안에서 일어나는가?

이와 똑같은 방식으로 역사적인 차원의 실체(substance) 범주는 먼저 실체의 일반적인 의미의 분석에 의해서, 그 다음에는 비역사적인 차원 안에서, 그리고 마지막으로는 역사적인 차원 자체 안에서 고찰되어야만 한다. 실체의 일반적인 성격은 "밑바닥에 있는 동일성"(underlying identity), 즉 변화하는 우연성들과 관련된 동일성이다. 어떤 것을 다른 것으로 만드는 이러한 동일성은 다양한 성격을 가지고 있으며, 이 다양한 차원의 인과성과 많은 관계를 가지고 있다. 만일 신학이 인과성과 실체를 사용하여 하나님과 세계, 하나님의 영과 인간의 영, 섭리와 아가페의 관계를 서술하려 한다면, 이러한 구별을 깨닫는 것은 지극히 중요할 것이다.

무기적인 차원의 지배 안에서 조건이 되는 선행자와 조건이 붙여진 결과(원인과 결과)는 마치 그에 상응하는 시간의 성격에서 관찰된 순간들이 서로 분리되어 있는 것처럼 서로 분리된다. 이런 의미의 인과성은 결과를 원인으로부터(즉, 그것에 의해서 결과가 동시에 결정되는 원인으로부터) 어느 정도 거리를 유지시킨다. 실재와의 일반적인 만남에서는(무기적 영역의 소우주적인 경계선과 대우주적인 경계선을 제외하고) 결정은 양적인 개념이나 수학 방정식을 통해서 표현될 수 있다. 무기적인 차원의 인과성은 선행자에 의해서 양적으로 계산 가능한 조건이 결과에 붙여지는 것을 뜻한다.

같은 영역에서의 실체는 원인을 야기시키는 선행자와 그 자신 사이의 일시적인 동일성이며, 또한 원인이 되는 결과와 그 자신 사이의

---

1) 조직신학 제1권 제2부 서론과 3-3) '유한성과 범주들'을 참조하시오.

일시적인 동일성이다. 이런 의미의 실체는 "밑바닥에 놓여 있는 움직이지 않는 사물"(초기 형이상학의 불멸의 영적 실체와 같은 것)과 같은 것이 아니라는 것은 말할 필요도 없다. 실체는 변화하는 우연성들의 복합체를 하나의 '사물'(thing)로서 말하는 것을 가능하게 해주는 그 우연성들 내에 존재하는 동일성의 총계이다. 분명히 이 영역의 실체는 무한히 가능한 자의적인 분할에 의존하고 있다. 금속의 두 조각이 서로 갈라진 후 조각들 사이에는 어떠한 실체적인 통일성도 존재하지 않는다. 그러나 이것들은 각각 그 자체와의 일시적인 실체적인 동일성을 가지고 있다. 이것들은 무기적인 영역의 공간의 급진적인 상호인접성에 예속되어 있다.

범주의 일반적인 이해에 대한 신학적인 문자주의의 의존은 인과성과 실체가 단지 무기적인 영역에서만 나타나고 다른 영역들에서는 초월되는 특징들을 부여받으면 드러나게 된다. 우리는 이런 의존의 예들을 하나님이 하나의 원인으로 그리고 세계가 결과로 이해될 때 또는 우리가 하나님을 하나의 실체로 그리고 세상을 또 다른 실체로 만들 때 엿볼 수 있다.

유기적인 차원과 심리학적인 차원 안에서 인과성과 실체는 그들의 성격과 그들 상호 간의 관계가 모두 달라진다. 원인과 결과 사이의 분리 요소나 하나의 개별적인 실체와 다른 개별적인 실체 사이의 분리 요소는 참여의 요소에 의해서 균형을 이룬다. 유기체 내부에서 조건이 되는 선행자는 유기체의 하나의 상태이며 조건이 붙여진 결과는 같은 유기체의 또 다른 상태이다. 여기에는 하나의 유기체적인 체계에 대한 밖으로부터의 인과적인 영향이 있을 수 있다. 하지만 그것은 유기체의 결과적인 상태의 원인이 아니라, 하나의 상태로부터 또 다른 상태로 나아가는 유기적 과정들의 하나의 계기이다. 유기적인 인과성은 중심화된 전체를 통해서 작용한다. 여기서 중심화된 전체는 유기체에 내재하는 물리 화학적인 과정들과 양적으로 측정가능한 인과관계를 무한히 포함하고 있다. 자기의식의 차원 안에서 우리는 이와 똑같은 상황을 발견할 수 있다. 중심화된 자의식에서는 자극과 반응 사이에 양적으로 측정가능한 어떠한 관계도 있을 수 없다. 또한 여기에는 외적인 원인이 그것을 야기시키는 영향 안에서 하나의 상태로부터 또 다른 상태로 움직이는 심리학적인 전체를 통해서 작용하고 있다. 이것은 연합, 반동 등의 과정들 안에 있는 계산 가능한 요소의 타당성을 배제하지 않는다. 그러나 이 요소의 계산 가능성은 이 과정들이 발생하는 전체 테두리 안에 놓여 있는 자의식의 개별적인 중심에 의해서 제한된다.

그 안에 유기적이고 심리학적인 인과성이 작용하고 있는 중심화된 자아는 특정한 동일성을 가지고 있는 개별적인 실체이지만 그것은 일시적인 것이 아니다. 왜냐하면 (그것이 중심을 가지고 있는 한) 그것은 나누어질 수 없기 때문이다. 그것의 내용은 변할 수 있다. 하지만 자의식의 영역에서는 기억으로서 경험되고 있는 계속성 속에서만 변할 수 있다. 만일 계속성(생물학적인 또는 심리학적인 계속성)이 완전히 중단된다면 개별적인 실체는 존재하는 것을 그만 둔다(보통은 죽음에 의해서, 때로는 완전한 기억 상실에 의해서). 유기적이고 심리학적인 차원 안에서 인과성은 말하자면 실체의 죄수이다. 인과성은 중심화된 전체의 통일성 속에서 발생한다. 그리고 테두리 밖의 원인들은—만일 그것들이 전체를 파괴하지 않는다면—전체를 통해서 작용한다. 이것이 바로 개별적인 실체가 외적인 영향들을 그 자신의 실체적인 동일성 안으로 이끌어 오지 못하고 오히려 외적인 영향들에 의해서 파괴될 경우 그것들이 끝장이 나는 이유이다. 그렇게 되면 양적으로 계산가능한 과정들(화학적 과정, 연합적 과정, 등)이 육체적 병이나 정신적 병의 경우에서처럼 우세해져서 실체의 절멸을 초래하게 된다.

자의식의 차원 안에서는 인과성이 실체라는 그릇 안에 담겨져 있었지만 정신의 차원에서는 인과성이 이 그릇을 돌파해 나간다. 인과성이 창조적인 것이 되기 위해서는 정신의 특성에 참여해야만 한다. 조건이 되는 선행자는 창조적인 행위가 이루어질 수 있는 한계를 결정하고, 또한 창조적인 것이 될 수 있는 행위에 대한 충동을 결정한다. 그러나 이것이 창조의 내용을 결정하지는 않는다. 왜냐하면 내용은 창조적인 행위를 창조적인 것으로 만드는 새로운 것이기 때문이다. 새로운 것의 개념은 보다 많은 고찰을 필요로 한다. 현실적인 존재는 생성의 성격을 가지고 있기 때문에, 우리는 가장 작은 순간의 시간에 발생한 모든 것은 이전의 순간에 발생했던 것과 비교하면 새로운 것이다고 말할 수 있다. 만일 '새로운' 것이 생성 과정의 각각의 상황을 의미한다면 모든 것은 항상 새로운 것이다. 그리고 이것은 전도서가 '해 아래 새로운 것은 없다'고 주장했음에도 확실히 진리이다. 그러나 새로운 것의 개념은—새로운 것이 나타나는 차원들에 따라서—범주들의 의미만큼 많은 구별을 요구한다. 양적 변형의 인과관계로부터 생겨나는 새로운 것은 개별적인 실체 내에서 질적인 변형의 인과관계로부터 생겨나는 것과 다르다. 그리고 이 두 새로움은 인간 정신의 창조적인 행위에 근거한 인과관계로부터 생겨나는 새로움과도 다르다. 처음 두 경우에는 결정이 새로운 것을 설정하는 자유보다 지배적이다. 정신의 경우에는 자유가 결정보다 지배적이다. 그리고 유추될 수 없는 새로운 것이 창조된다. 세익스피어의《햄릿》의 창작에서는 내용, 특수한 형식, 인간적인 전제들, 우연한 요소들 등은 유추될 수 있다. 이 모든 요소들이 '햄릿'을 창작한 예술적 과정에 효과적으로 작용하고 있다. 그러나 결과물은 유출될 수 없는 것이라는 의미에서 새로운 것이다. 우리가 정신의 차원 안에서는 일반적인 인과성이 새로운 것을 창조하는 것으로서의 인과성이 된다고 말하는 것은 바로 이러한 의미에서이다.

새로운 것은 개별적인 실체에 묶여 있지 않다. 그러나 이것은 실체로부터 생겨나서 그것의 성격에 영향을 준다. 개별적인 실체는 정신에 의해서 결정된 것이 되고 자의식의 중심은 인격이 된다. 인격에서는 실체적인 동일성이 무조건적인 의미에서 당위의 성격을 지닌다. 이것은 이전의 형이상학으로 하여금 불멸의 실체를 무기적인 시간의 과정 안에서 자신의 동일성을 유지하고 있는 분리된 존재로서 확립하게 하는 잘못을 범하도록 만들었다. 그러한 결론은 '모든 범주들은 유한성의 현현'이라는 범주들의 본성에 모순되는 것이다. 그러나 이 논증의 기초는 건전한 것이다. 왜냐하면 이것은 인격을 인격으로 만들고 그에게 무한한 중요성을 부여해 주고 있는 무조건적인 요소에 대한 통찰을 포함하고 있기 때문이다. 정신에 의해서 결정된 존재, 중심화된 존재, 즉 인격은 창조적인 인과성의 근원이다. 그러나 창조는 그것이 그로부터 나오는 실체, 즉 인격을 능가한다.

5) 역사의 차원의 인과성과 실체

역사적인 인과성은 포괄적인 형태의 인과성이다. 왜냐하면 역사적 사건에는 생명의 모든 차원들이 적극적으로 참여하고 있기 때문이며, 이 역사적인 인과성은 창조적인 인과성의 자유에 의존하고 있다. 그러나 이것은 또한 역사적인 인간을 가능하게 만들고 있고, 여전히 인간 전체 역사의 틀 또는 하부구조로 존속하고 있는 무기적이고 유기적인 발달에도 동등하게 의존하고 있다. 그리고 이것이 전부는 아니다. 역사의 담지자가 역사적인 집단들이기 때문에, 이 집단들의 본성이 역사적인 과정에 대한 결정적이고 자유로운 인과성의 결정적인 상호침투를 나타내주고 있다. 하나의 역사적인 집단에서는 이중의 인과관계가 관찰될 수 있다. 즉 주어진 사회적인 구조로부터 문화적 내용의 창조에 이르는 인과관계와 이러한 문화적 내용으로부터 변형된 사회적인 구조를 지향하는 인과관계이다. 사회적인 것의 '주어짐'

(givenness)은 역사적인 과정이 출발했던 무한한 과거 안에 있는 관념적인 지점이다. 이 지점(전역사로부터 역사로의 전이)으로부터 창조가 주어진 문화를 돌파해 나갔고, 이로써 변형된 문화가 생겨났으며 여기서 새로운 창조가 만들어지는 방식으로 문화에 기여했다. 그러므로 고전적 관념론자들이 했던 것처럼 주어진 문화를 창조적인 행위로부터만 유추하는 것이 불가능한 것처럼, 일부 인류학자들이 했던 창조적인 행위의 내용을 그 문화로부터 유추하는 것도 불가능한 것이다.

역사적인 차원의 실체는 '역사적인 상황'이라고 불릴 수 있다. 앞에서 논의한 바대로 주어진 문화는 그러한 상황이다. 그것은 가족적, 부족적, 국가적, 국제적 토대 위에서 나타날 수 있다. 그것은 역사를 담지한 특정한 집단에 한정될 수 있다. 그리고 이것은 그러한 집단들의 결합으로까지 확대될 수도 있으며, 몇몇의 대륙을 포함할 수도 있다. 어쨌든 역사적인 인과성이 새로운 것을 향해서 나아가는 상황이 있는 곳에는 역사적인 차원의 실체가 존재한다. 만일 역사를 창조하는 상황이 실체라고 불리운다면, 이것은 그 표현들 모두에 있어서 동일한 점이 있다는 것을 뜻한다. 상황의 이런 의미는 모든 차원을 포함하는 것이다. 말하자면, 그것은 지리적인 기초, 즉 무기적인 영역의 공간을 가진다. 또한 그것은 생물학적인 집단들에 의해서, 자의식의 집단들과 개인들에 의해서, 그리고 사회학적인 구조들에 의해서 지지된다. 이것은 사회학적이고 심리학적이며 문화적인 긴장과 균형의 체계이다. 그러나 이것은 역사적인 의미에서 실체이기를 중단한다. 만일 균형이 깨지고 긴장이 실체를 구성하고 있는 동일성의 요소를 파괴한다면, 역사적인 시기들(르네상스, 계몽주의와 같은 시기들)의 명칭은 그 동일성의 지점을 나타내 준다. 암시적이거나 명시적이든 간에, 실체의 범주를 역사에 적용하지 않는다면 역사 편찬은 불가능할 것이다. 헬레니즘, 르네상스, 절대주의와 같은 역사적인 명칭들, 문화적인 의미에서의 서방과 동방, 질적인 의미의 18세기, 또는 지리적이고 문화적인 의미에서의 인도라는 명칭은, 만일 그것들이 역사적인 실체, 즉 역사적인 인과성이 그곳으로부터 자라나고 동시에 그 인과성의 결과물이 되고 있는 상황을 지시하지 않는다면 무의미할 것이다.

역사적인 시간처럼 역사적인 인과성도 미래를 향하고 있다. 즉, 그 것은 새로운 것을 창조한다. 그리고 마치 역사적인 시간이 역사적인 공간을 그것의 "미래를 향한"(futuristic) 운동으로 이끌어가는 것처럼, 역사적인 인과성도 역사적인 실체를 미래를 향한 방향으로 이끌어 간다. 역사적인 인과성은 모든 특수한 새로운 것을 초월하여 새로운 것을 향해서, 모든 특수한 상황이나 역사적인 실체를 초월하여 하나의 상황이나 역사적인 실체를 향해 나아간다. 이런 식으로 역사적인 인과성은 정신의 차원 안의 특수한 피조물들을 초월한다. 창조적인 인과성에 속하는 새로운 것의 개념 자체가 역사적인 운동의 초월적인 성격을 함축한다. 언제나 반복되는 특수한 새로움의 창조는 그 자체가 옛것의 요소를 가지고 있다. 창조만이 옛것이 되는 것이 아니다(그것은 주어진 실체 속에서 정적인 것이 된다). 무한한 변화 속에서 특수한 새로운 것을 창조하는 과정은 그 자체가 옛것의 성격을 지니고 있다. 그러므로 인간의 역사적 의식은 항상 특수한 새로운 것을 넘어서 절대적으로 새로운 것, 상징적으로 말하자면 "새로운 창조"를 항상 내다보고 있다. 역사적인 인과성의 범주에 대한 분석은 이 지점까지 도달할 수 있다. 그러나 그것은 "새로운 것 자체"(New-Itself)의 물음에 대해서는 대답을 줄 수 없다.

역사적인 상황 또는 실체는, 만일 그것들이 역사적인 인과성의 역동성으로 이끌려진다면 보편적인 역사적인 실체(또한 차원적으로 특정된 모든 형태의 실체)에 대한 또는 모든 상황을 초월해 있는 상황에 대한 탐구를 포함하게 된다. 이것은 모든 가능한 역사적인 긴장들이 보편적으로 균형을 이루고 있는 상황일 것이다. 여기에서 또다시 인간의 역사적 의식은 역사적인 실체 범주의 의미를 자각해 왔고 또한 모든 상황을 초월하여 궁극적인 상황의 상징, 예를 들어 하나님의 나라의 보편적인 통일성을 조망해 왔다.

3. 역사의 역동성

1) 역사의 운동: 경향, 구조, 시대

우리는 앞에서 역사의 범주적 구조에 대해서 논의했으므로 이제는 이 구조적 틀 내에서 일어나고 있는 역사 운동에 대해서 기술할 차례이다. 역사의 차원의 범주들은 이러한 기술에 대한 기본적인 요소들을 제공해 준다. 즉, 시간은 역사적인 운동의 불가역성의 요소를 제공한다. 그리고 인과성은 유추할 수없는 새로운 것을 창조하는 자유의 요소를 제공한다. 또한 공간과 실체는 시간과 인과성의 역동성이 거기에서 분출하기도 하고 되돌아가기도 하는 상대적으로 정적인 요소를 제공해 준다. 이러한 요소들을 염두에 두면서, 우리는 역사적인 운동에서 제기되는 몇 가지 문제들에 접근할 수 있다.

제일 중요한 문제는 역사의 역동성에 있어서의 필연(necessity)과 우연(contingency) 사이의 문제이다. 이것은 역사 편찬의 방법에 있어서도 중요한 문제일 뿐만 아니라 역사적인 결단과 행동에 있어서도 중요한 문제이다. 필연의 요소는 역사적인 상황으로부터 생겨나고, 우연성의 요소는 역사적인 창조로부터 생겨난다. 그러나 이 요소들 중 어느 것도 홀로 존재하지 않는다. 나는 이들의 통일성을 필연의 요소의 지배 안에서는 '경향'(trend)이라고 부르고, 우연성의 요소 지배 안에서는 '기회'(chance)라고 부르고자 한다.

경향의 본성(역사적인 시간의 불가역성과 마찬가지로)은 역사적인 법칙을 확립하려는 어떠한 시도도 가로막는다. 그러한 시도는 있을 수 없다. 왜냐하면 역사의 모든 순간은 이전의 모든 순간들과의 관계에서 보면 새로운 것이기 때문이며, 또한 경향은 그것이 아무리 강할지라도 변하기 때문이다. 역사는 변하지 않는 경향이 있는 것처럼 보이지만 결코 변화 없이는 존재하지 않는다. 그러나 일련의 사건들에는 어떤 규칙들이 존재한다. 이 규칙들은 사회학적이며 심리학적인 법칙들에 근거하고 있으며, 그들의 엄격성의 결여에도 불구하고 역사적인 상황을 결정하는 데 참여하고 있다. 그러나 우리는 이 규칙들을 자연법을 학문의 이상으로 만든 바 있는 확실성을 가지고 예견할 수는 없다. 경향은 사회학적인 법칙에 의해서 생산될 수 있다. 이에 대한 하나의 예가 성공적인 혁명들은 그들의 초기 지도자들을 멸절시키는 경향을 가지고 있다는 법칙이다. 또한 이 경향은 새로운 발명들이나 사회에 대한 그들의 충격과 같은 창조적인 행위에 의해서 또는 이 충격에 대한 점증하는 반동에 의해서 생산될 수도 있다. 여기에는 경향이 거의 저지될 수 없는 상황들이 존재한다. 그리고 이 경향이 효과적이기는 하지만 거의 나타나지 않는 상황들이 존재하고, 그 경향이 기회와 균형을 이루고 있는 상황들도 존재한다. 또한 경향이 풍부한 기회 아래 감추어져 있는 상황들도 존재한다.

모든 역사적인 상황이 경향을 포함하고 있는 것처럼 그것은 또한 기회도 포함하고 있다. 기회는 하나의 경향의 결정적인 힘을 바꾸는 계기이다. 이러한 계기가 기회를 주는 현실적인 기회가 되기 위해서는 창조적인 인과성의 행위에 의해서 사용되지 않으면 안 된다. 그리고 현실적인 계기가 있다는 유일한 증거는 하나의 경향이 거기에서 성공적으로 변형되고 있는 역사적인 행위이다. 많은 기회는 결코 표면화되지 않는데, 그것들을 붙잡은 사람이 아무도 없기 때문이다. 그러나 어떠한 역사적인 상황에서도 우리는 기회가 없다고 확신할 수는 없다. 물론, 기회도 경향도 절대적인 것이 아니다. 주어진 상황의 결정적인 힘이 기회의 한계를 제한하고 자주 그것을 매우 작게 만들어 버린다. 그럼에도 이 경향의 결정적인 힘과 균형을 이루고 있는 기회의 실존은 모든 형태의 역사적인 결정론(자연주의적인, 변증법적인, 예정론적인 결정론)에 대한 결정적인 반증이다. 이 세 가지 결정론들은 기회 없는 세계를 주장한다. 그러나 이들의 견해는 지지자들조차 기회를 엿보고 그것을 붙잡으려는 생각과 행동(예를 들어, 사회주의를 위해서 일하려는 기회, 자신의 구원을 위해서 일하려는 기회, 결정론적인 형이상학을 위해서 일하려는 기회)에 의해서 끊임없이 반박되고 있다. 모든 창조적인 행위에는, 의식적으로든지 무의식적으로든지 간에 기회가 전제되어 있다.

역사의 역동성에 대한 두 번째 문제는 역사적인 운동의 구조들에 관한 것이다. 아놀드 토인비가《역사의 연구》(A Study of History)에서 이러한 구조들을 보편화하는 것 없이 그리고 이것들을 법칙으로 만드는 것 없이 계속해서 나타나는 구조들을 제시하려고 한 것은 그의 공로이다. 이러한 구조들에는 지리학적이며 생물학적이고 심리학적인, 사회학적인 요소들이 작용하고 있으며, 이 요소들은 창조적인 행위가 일어날 수 있는 상황들을 생산하고 있다.

진보와 퇴보, 행동과 반동, 긴장과 해결, 성장과 쇠퇴와 같은 구조들 그리고 무엇보다도 가장 중요한 역사의 변증법적인 구조가 초기에 서술되었다. 이 구조들과 관련된 일반적인 판단은 다음과 같은 것이다. 즉, 이 구조들은 제한된 진리를 가지고 있으며, 더욱이 그것들이 추상적으로 정형화될 때는 심지어 반대하는 사람들에 의해서도 모든 역사적인 서술 속에 실제로 사용되고 있다. 왜냐하면 이것들이 없다면 사건의 본질에 대한 어떠한 의미 있는 서술도 불가능하기 때문이다. 그러나 이 구조들은 그들에 대한 경험주의 역사가들의 강한 저항을 생산할 수 있는 위험성을 함께 가지고 있다. 즉, 이 구조들은 자주 특수한 구조로서가 아니라 보편적인 법칙으로 사용되고 있다. 이것이 발생하자마자 그것들은—비록 그것들의 특별한 진리 때문에 사실들을 드러낼지라도—사실을 왜곡하게 된다. 창조적인 것이 되려고 하고 기회를 사용하려는 것이 역사적인 인과성의 성격이라는 이유만으로는 역사적인 운동의 보편적인 구조가 존재한다고 말할 수 없다. 몇몇 경우에 이러한 법칙을 정형화하려는 시도는 역사적인 차원을 역사의 자기초월적인 기능과 혼동하고 있는 것이다. 이것은 역사에 대한 과학적인 기술과 종교적인 해석 사이의 혼동이다. 예를 들어, 어떤 영역에서의 진보(다른 영역의 퇴보처럼)는 역사의 모든 시대에서 관찰될 수 있다. 그러나 보편적인 진보의 법칙은 하나님의 섭리라는 종교적인 상징이 왜곡되고 세속화된 형태이다. 성장과 쇠퇴의 이야기들은 모든 역사적인 작품들에 포함되어 있다. 하지만 모든 역사적인 운동의 구조들 중에서 가장 분명해 보이는 것조차도 경험적인 법칙이 아니다. 경험적으로 말하자면 많은 모순들이 있다. 그러나 만일 이것이 보편적인 법칙이 된다면, 종교적인 성격을 취하게 되고 실존의 순환적 해석을 역사적인 운동에 적용하는 것이 된다. 이것은 차원들을 혼동하는 것이다.

　역사적 사건의 변증법적 구조는 특별한 고찰을 요구한다. 이것은 다른 어떤 구조 분석보다 세계사에 심오하게 영향을 끼쳐왔다. 무엇보다도, 우리는 그것이 많은 역사적인 현상들에 대해서 진리일 뿐만 아니라 일반적인 생명의 과정들에 대해서도 진리라는 것을 강조해야만 한다. 이것은 생명의 역동성의 분석과 기술에 대한 중요한 과학적 도구이다. 만일 생명이 여러 요소들로 분해되고 그 요소들이 목적에 따라서 재구성된다면, 변증법은 설 자리가 없게 된다. 그러나 만일 생명이 침해되지 않는다면 변증법적 과정은 진행되고 기술될 수 있다. 이러한 기술은 플라톤이 그의 《대화편》에서 변증법을 사용한 것이나 헤겔이 변증법적 방법을 생명의 모든 차원들, 특히 역사에 대해서 적용한 것보다 훨씬 오래된 것이다. 생명이 그 자신과 모순되고 이 모순을 넘어서 새로운 단계를 향하여 나아갈 때마다, 객관적 또는 현실적인 변증법이 발생한다. 그러한 과정이 긍정(Yes)과 부정(No)의 견지에서 기술될 때마다, 주관적 또는 방법론적인 변증법이 사용된다. 생명이 자기동일성에서 자기변화로 그리고 다시 자기동일성에로 되돌아오는 운동이 변증법의 기본적인 도식이다. 그리고 우리는 이 변증법이 신적인 생명의 상징적인 기술에 있어서도 적합하다는 것을 살펴보았다.

그럼에도 우리는 변증법의 보편적인 법칙을 만들 수 없고 우주의 모든 운동들을 변증법 아래에 포괄할 수도 없다. 변증법이 기능으로 높여질 때 그것은 더 이상 경험적으로 검증될 수 없는 것이 되고 또한 현실을 기계화된 도식 안으로 밀어 넣게 된다. 이 도식은 예를 들어 헤겔의 백과사전에서 나타난 것처럼 지식을 매개하는 것을 그만두게 된다. 분명히 헤겔의 변증법은 (이것은 헤겔에 의해서 의도된 것이지만) 경험적인 묘사로 개념화되고 환원되어 버린 소외와 화해의 종교적인 상징이다. 그러나 이것은 또다시 차원들을 혼동하는 것이다.

"유물론적 변증법"(materialistic dialectics)이란 모호하고 위험하기도한 용어이다. '유물론'이란 형이상학적 유물론(이것은 맑스에 의해서 강하게 부정되었다)으로도 이해될 수 있고 도덕적인 유물론(맑스는 이것을 부르주아 사회의 특성으로서 공격했다)으로도 이해될 수 있다. 양쪽의 해석은 모두 잘못된 것이다. 오히려 유물론은 변증법과 결합하여 한 사회의 경제적이며 사회적 조건들이 다른 모든 문화적인 형태들을 결정한다는 것과 경제적이고 사회적 토대의 운동은 사회적 상황 안에 긴장과 갈등을 생산하고 그것들을 초월하여 새로운 경제적이고 사회적 단계를 향하여 나아가는 변증법적인 성격을 가지고 있다는 신념을 나타내 준다. 여기서 명백한 것은 유물론의 변증법적인 성격은 형이상학적인 유물론을 배제한다는 것과 그것은 헤겔이 '종합'이라고 불렀던 것 또한 (맑스가 자각하고 실제로 적용했던 것처럼) 역사적인 행동 없이는 결코 도달될 수 없는 것, 즉 새로운 요소를 포함하고 있다는 것이다. 경제적 모순에 근거하고 있는 사회적인 변증법의 상대적 진리는 부정될 수 없다. 그러나 이와 같은 종류의 변증법이 모든 역사의 법칙이 되는 지위에까지 높여진다면, 진리는 오류가 되고 만다. 그렇게 되면 이것은 유사종교적인 원리가 되고 경험적인 실증성을 상실하게 된다.

역사의 역동성에 의해서 제기되는 세 번째 문제는 역사적인 운동의 리듬(rhythm)의 문제이다. 이것은 역사의 시대들(periods)의 문제이다. 역사적인 차원의 실체에 대해서 논할 때, 우리는 역사적인 상황의 동일성을 지적했고 역사적인 시대들에게 명칭을 붙이는 것 없이 역사 편찬은 불가능한 것임을 강조하였다. 초기의 시대사에서는 왕조의 연속이 역사적인 시대들에 대한 명칭을 제공했다. 왜냐하면 각각의 왕조 성격은 그것이 지배한 시대의 역사적으로 중요한 성격을 대표한다고 생각되었기 때문이다. 그와 같은 성격은 19세기 후반 영국과 대부분의 유럽에 대해서 '빅토리아 시대'라는 용어가 사용되었던 것처럼 사라지지 않았다. 다른 명칭들은 예술, 정치, 사회구조의 지배적인 양식에서(예를 들어, 바로크, 절대주의, 봉건주의) 또는 전체 문화적 상황에서(예를 들어, 르네상스) 이끌어 왔다. 때때로는 세기의 숫자가 질적인 성격을 부여받았고 역사적인 시대를 축약된 형태로 지시해 주었다("18세기"). 하지만 가장 보편적인 시대 구분은 종교에 근거하고 있다. 즉, 기독교 시대의 그리스도 이전 시기와 이후의 시기이다. 이것은 그리스도 예수의 출현으로 말미암아 역사적인 시간의 특성에 나타난 보편적인 변화를 함축한다. 이것이 그리스도 예수를 기독교의 관점에서 '역사의 중심'으로 만들고 있다.

이제 논의해야만 하는 문제는 다음과 같은 것이다: 이와 같은 시대 구분의 타당성은 무엇인가? 역사는 역사의 시 대구분이 단지 역사가의 마음속이 아니라 현실에 토대를 두고 있는 방식으로 움직이는가? 이에 대한 대답은 이전의 두 고찰에 포함되어 있다. 즉, 그 하나는 역사의 주관적이고 객관적인 성격에 관한 것이다. 다른 하나는 역사의 중요성 개념에 관한 것이다. 시대는 역사를 담지한 집단의 중요성에 대한 평가에 따라 주관적이면서 동시에 객관적이다. 어떤 시대 구분도 그것이 시간과 공간의 사건들에 기초하고 있지 않다면 의미가 없다. 하지만 그 사건들이 역사적인 집단의 역사의식적인 대표자들에 의해서 역사적, 결정적인 것으로 평가되지 않고서는 생겨날 수 없다. 시대를 창조하는 사건은 종교개혁에서처럼 돌발적이며, 극적이고 광범위할 수 있다. 또는 르네상스에서처럼 느리고, 극적이지 않고, 작은 집단에만 제한될 수도 있다. 각각의 경우에 서유럽 사람들의 의식은 이 사건들 속에서 새로운 시대의 시작을 보았다. 이 사건들 자체에 대한 연구는 그러한 견해를 긍정하거나 부정할 수 없다. 마찬가지로 그리스도 예수의 사건의 역사적인 중요성을 그 사건의 역사적인 환경에 대한 새로운 발견들에 근거한 긍정적 또는 부정적인 논증들을 통해서 논의한다는 것은 불가능한 것이다. 이천 년동안 사람들에게 실존적인 중요성과 그리스도 예수의 사건 속에서 인간 역사의 두 중요한 시대 사이의 경계선을 보도록 만든 것들이 발생했다.

역사는 시대의 리듬 속에서 움직인다. 그러나 그 시대는 그것을 볼 수 있는 사람에게만 의미가 있다. 일련의 사건들에는 계속되는 전이와 중복과 전진과 지체가 존재한다. 그리고 어떠한 표지판도 새로운 시대를 나타내지 않는다. 그러나 이 사건들을 중요성의 원리에 따라서 평가하는 사람들에게 있어서는 질적으로 서로 다른 역사적인 시간들 사이의 경계선을 나타내 주는 표지판이 눈에 보이게 된다.

2) 역사와 생명의 과정들

생명의 과정들과 함께 우리가 이미 모든 차원들에서 기술했던 그들의 모호성들은 역사의 차원 속에 존재한다. 생명은 자기통합을 향하여 노력하지만 역사를 창조하는 모든 행위에서는 해체될 수도 있다. 생명은 창조하지만 역사의 역동성이 새로운 것을 향하여 나아갈 때는 자신을 파괴할 수도 있다. 생명은 자신을 초월하지만 그것이 궁극적으로 새롭고 초월적인 것을 향하여 달려갈 때는 세속화에 떨어질 수도 있다.

이 모든 것들은 역사의 담지자들에게서 발생할 수 있다. 이것은 직접적으로는 역사적인 집단에게서 발생하고, 간접적으로는 역사적인 집단을 구성하는 동시에 그 집단에 의해서 구성되는 개인들에게서 발생할 수 있다. 우리는 사회적인 집단의 본질과 모호성을 제4부 "생명과 성령"에서 인간의 정신의 문화적 기능을 다룰 때, 특히 프락시스(praxis)의 기능, 즉 인격적 행위와 공동체적 행위를 다룰 때 논의하였다. 그리고 우리는 프락시스의 모호성을 기술적, 인격적, 그리고 무엇보다도 공동체적 변형의 모호성들이라는 부제 하에서 논의했다. 이 논의에서 역사적인 차원은 '괄호 속에 들어갔다.' 즉, 우리는 역사적인 집단들을 단지 문화적 창조로서의 성격의 관점에서만 그리고 인간성과 정의의 규범에 종속된 것으로서만 기술했다. 특히, 우리 관심의 중심은 공동체 영역에서의 힘과 정의 사이의 관계였다. 그러나 이것은 역사를 담지한 역사의 집단들의 운동을 기술하기 위한 준비에 불과한 것이었다.

여기서 논의 초점은 개인적, 공동체적 영역의 생명의 과정들에 대한 역사적 차원의 관계에 대한 것이다. 세 가지 모든 과정에서 차이를 만드는 것은 역사적인 시간의 성격이다. 즉, 역사는 늘 새로운 것을 향하여 그리고 궁극적으로 새로운 것을 향하여 전진한다. 이 관점에서 자기 통합, 자기 창조, 자기 초월의 운동의 본질과 모호성이 관찰되지 않으면 안 된다. 그러나 이것은 앞의 논의("공동체적 변형의 모호성")에서 지시된 바대로 생명의 세 가지 과정들은 '하나'의 과정, 즉 목적을 향한 운동 속에서 통일된다는 결론을 가진다. 여기에는 여전히 자기통합이 존재하지만 그것은 목적자체로서 존재하지는 않는다. 역사적인 차원의 자기 통합은 보편적인 총체적인 통합을 향한 운동에 봉사한다. 여기에는 여전히 자기 창조가 존재하지만 그것은 특별한 창조를 위해서 존재하지는 않는다. 역사적인 차원의 자기 창조는 보편적이며 총체적으로 새로운 것을 향한 운동에 봉사한다. 그리고 여기에는 여전히 자기 초월이 존재하지만 특별한 숭고함을 향해 존재하지는 않는다. 역사적인 차원의 자기 초월은 총체적으로 초월적인 것을 향한 운동에 봉사한다. 역사는 궁극적인 것을 향하여 달려가면서도 예비적인 것에 묶여 있고, 성취를 향하여 달려가면서도 성취를 좌절시키고 있다는 사실에도 불구하고 생명의 모든 과정들을 통해서 성취를 향하여 달려간다. 역사는 모든 과정들 속에서 모호하지 않는 생명을 향해 분투해 나갈 때 생명의 모호성들을 피하지 않는다.

이제 역사의 목적은 생명의 세 과정들과 통일성의 견지에서 다음과 같이 표현될 수 있다. 역사는 생명의 자기 통합의 견지에서는 힘과 정의의 모호하지 않는 조화 속에서 역사를 담지한 모든 집단들과 그들의 개별적인 구성원들의 중심을 향해 전진한다. 역사는 생명의 자기 창조 견지에서는 만물의 새롭고 모호하지 않은 상태의 창조를 향해 전진한다. 그리고 역사는 생명의 자기 초월의 견지에서는 존재의 잠재성의 보편적인 모호하지 않은 성취를 향해 전진한다.

그러나 역사는 일반적인 생명처럼 실존의 부정성 아래에 그리고 그 결과 생명의 모호성들 아래에 서 있다. 보편적이고 총체적인 중심성과 새로움과 성취를 향한 운동은 하나의 문제이고, 역사가 존재하는 한 여전히 문제이다. 이 문제는 역사의 위대한 모호성들 속에 포함되어 있다. 이 모호성들은 항상 느껴왔고 신화와 종교적이고 세속적인 문화와 예술 속에 강력하게 표현되어 왔다. 이 모호성들은—상관관계의 방법의 의미에서는—역사의 종교적인(또는 유사종교적인) 해석이나 종말론적인 상징주의가 밀접한 관계를 가지고 있는 문제들이다. 이것들은 기독교 신학 내에서는 하나님의 나라가 대답이 되고 있는 것들이다.

3) 역사적인 진보(historical progress) : 현실과 한계

　모든 창조 행위에는 진보, 즉 주어진 것을 넘어가는 단계(gressus)가 내포되어 있다. 이런 점에서 보면 역사의 운동 전체는 진보적이다. 역사는 특수하게 새로운 것을 향해 나아가고 궁극적으로 새로운 것에 도달하려고 노력한다. 이것은 인간 정신의 문화적인 기능의 모든 측면들, 즉 이론의 기능들과 실천 기능들 모두에 적용될 수 있다. 그리고 문화적 형식과 내용이 그들 안에 내포되어 있는 한 도덕과 종교에도 적용될 수 있다. 정치적 행위, 강연, 과학적 탐구 등에는 처음부터 끝까지 의도된 진보, 때때로는 현실적인 진보가 존재한다. 중심화된 모든 집단에는, 심지어 가장 보수적인 집단도 진보를 목표로 하는 창조적인 행위가 계속되고 있다.

　진보는 이와 같이 논쟁될 여지가 없는 사실들을 넘어서서 역사 자체의 의미를 정의해 주며 현실을 초월한 상징이 되었다. 진보 그 자체는 역사는 점진적으로 그의 궁극적인 목적에 도달한다는 또는 무한한 진보 그 자체가 역사의 목적이라는 이념을 나타내 주고 있다. 우리는 역사 의미의 물음에 대한 대답들을 나중에 논의할 것이다. 단지 여기서 우리는 문제되고 있는 현실의 본성에 따라서 존재의 어느 영역에서는 진보가 가능하고 또 불가능한 것인지를 논의하고자 한다.

　먼저, 개인적인 자유가 결정적인 곳에서 진보란 있을 수 없다. 이것은 도덕적인 행위에는 진보가 없다는 것을 함축한다. 각 개인은 개인이 되기 위해서는 스스로 도덕적인 결단을 하지 않으면 안 된다. 도덕적 결단은 자의식을 가지고 있는 개인에게 있어서는 정신적 차원의 출현을 위한 절대적인 전제 조건이다. 그러나 도덕적 기능과 관련해서는 두 종류의 진보가 존재한다. 그 두 가지는 윤리적 내용의 진보와 교육적 수준의 진보이다. 양쪽 모두 문화적 창조이며 새로운 것을 향해 열려져 있다. 도덕적 행위의 윤리적인 내용은 세련됨과 넓이의 관점에서 보면 원시문화로부터 성숙한 문화로 진보한다. 물론, 인격이 창조되는 도덕적 행위는 어떠한 내용이 실현되든지 간에 똑같은 것이다. 우리가 도덕적 진보에 대해서 말할 때 이 구별이야말로 근본적인 것이다. 진보가 발생하는 것은 도덕적 행위 안에 있는 문화적인 요소이지 도덕적 행위 자체가 아니기 때문이다.

마찬가지로 도덕적 교육은 문화에 속하는 것이지 도덕적 행위 그 자체에 속하는 것은 아니다. 이와 같은 교육은 타자에 의한 교육으로 또는 자기 자신에 의한 교육으로 나타난다. 각각의 경우에 교육은 반복, 연습 그리고 그 결과로서의 습관으로 이루어진다. 여기서 습관은 진보의 문제가 되고 있다. 이런 식으로 성숙한 도덕적 인격이 창조될 수 있고, 한 집단 내의 도덕적 습관의 수준은 높아질 수 있다. 그러나 현실적인 도덕적 상황은 성숙의 모든 수준과 도덕적 감수성의 모든 단계에서 자유로운 결단을 요구한다. 인격이 인격으로 확증되는 것은 바로 그러한 결단에 의해서이다. 이것은 비록 도덕적 습관과 윤리적 감수성이 성령, 즉 은총의 창조물일지라도 그렇다. 이것이 바로 가톨릭 전승에 성자의 유혹의 이야기가 존재하고, 개신교적인 경험 속에 나타나고 있는 성화의 모든 단계에 용서받는 것이 필요하고, 인본주의의 가장 위대하고도 가장 성숙한 대표자들에게서도 자기 자신에 대한 절망과의 싸움이 나타나고, 심리치료요법이 환자가 자유롭게 스스로 도덕적인 결단을 할 수 있는 지점까지는 제한될 수밖에 없는 이유이다.

문화적 창조의 영역에는 그것이 예술이든, 철학이든, 인격적이며 공동체적 영역이든 간에 실재와 인간의 만남의 고전적인 표현을 넘어서는 진보란 있을 수 없다. 항상 그런 것은 아니지만, 한 양식의 고전적인 표현에 도달하려는 부적절한 시도로부터의 진보가 존재한다. 그러나 하나의 성숙한 양식으로부터 또 다른 양식으로의 진보는 있을 수 없다. 고전적인 예술 비평이 희랍과 르네상스 양식에서 시각예술의 규범을 발견하고 그것에 의해 다른 모든 것이 그것을 향한 진보, 또는 퇴보 그리고 원시적인 무능의 상태로서 분류한 것은 큰 잘못이었다. 우리 시대에 일어난 이런 사조에 대한 정당한 반발은 때때로 정당하지 못한 정반대 방향의 극단으로까지 나아갔다. 그렇지만 이것은 예술사가 지니고 있는 본질적인 비진보성의 원리를 확립해 주었다.

이와 똑같은 것이 철학에 대해서도 말해져야 한다. 이것은 철학이 존재의 본질과 구조 문제를 가장 보편적인 개념을 통해서 대답하려는 시도로서 정의되는 한 그렇다. 여기서도 또다시 우리는 실재와의 철학적인 만남의 미성숙한 형태와 성숙한 형태 사이를 구별할 수 있고, 한 형태로부터 다른 형태로의 진보를 발견할 수 있다. 그리고 확실히 철학적인 체계에서 사용되고 있는 논리적인 도구와 과학적인 자료는 점진적으로 세련되고 정확하고 확대된다. 그러나 대표적인 철학자들의 중심적인 시야 속에는 그들의 과학적인 자료나 논리적인 분석에서 이끌어올 수 없는 요소, 즉 그 원천이 궁극적인 실재와의 만남 속에 있는 요소, 말하자면 유사 계시적인 경험 속에 있는 요소가 존재한다. 이것은 지식(scientia)에 대비해서 지혜(sapientia)라고 불리웠다. 그리고 이것은 예를 들어, 욥기에서는 하나님이 세계를 창조할 때 그의 동료로서 인격화되어 나타났고, 헤라클레이투스에게서는 우주의 법칙과 소수 인간의 지혜 속에 똑같이 현존하고 있는 로고스로서 나타났다. 철학이 로고스로부터 영감을 받은 것인 한, 그것은 내적인 잠재성이나 개인과 시대의 수용 기관에 따라 많은 얼굴을 가질 수 있으나 한 얼굴로부터 다른 얼굴로의 진보란 있을 수 없다. 물론, 각각의 얼굴은 논리적인 형식과 과학적인 자료의 비판적인 사용뿐 아니라 새로운 창조적인 노력을 전제로 한다. 그리고 이것은 선행된 해결들의 지식에 의해서 얻어진 훈련을 필요로 한다. 철학의 로고스-영감적인(logos-inspired) 성격은 임의적이라는 것을 의미하지 않는다. 그러나 이것은 철학이 존재의 문제에 대해서 대답을 줄 수 있는 권한이 있다는 것을 뜻한다. 따라서 이 대답은 진보와 쇠퇴를 초월해 있는 것이다. 철학사가 명백하게 보여준 것은 위대한 철학적 해결들은 그 어느 것도—비록 그 해결들의 과학적인 관찰과 이론이 곧 이어 낡은 것이 되었을지라도—퇴보적인 것이 되지 않았다는 것이다. 마찬가지로 몇몇 분석 철학자들은 분석 철학의 등장 이전의 모든 철학사를 일관되게 배격하고 있다. 왜냐하면 그들은 이전의 철학사에서는 그들이 철학의 유일한 과제라고 믿고 있는 것, 즉 논리적 분석과 언어적 분석을 향한 어떠한 진보도 볼 수 없기 때문이다.

자유의 행위로서의 도덕적 행위는 진보를 초월해 있지만, 인간성의 원리에 따라 형성된 인격을 창조할 때 또는 정의의 원리에 따라 조직된 공동체를 창조할 때 진보가 있을 수 있는가는 여전히 해결해야만 하는 문제이다. 미학적, 인식적 창조에서처럼 여기서도 우리는 두 가지 요소, 즉 질적인 요소와 양적인 요소를 구별하지 않으면 안 된다. 진보는 후자의 요소에서만, 즉 넓이와 세련됨에서만 가능한 것이지 전자의 요소에서는 가능한 것이 아니다. 인간성의 원리를 성숙하게 구현한 인격은—변화하는 문화의 발달이 진보적인 것이든지, 시대에 뒤떨어진 것이든지, 아니면 퇴보적인 것이든지—변화하는 문화의 발달에 의존하지 않는다. 확실히 인간성은 그것이 그 속에서 실현되고 있는 모든 개인의 새로운 창조이며, 문화적 상황이 새로운 잠재성들을 제공해 주고 있는 모든 시대의 새로운 창조이다. 그러나 인격적 인간성의 한 대표자로부터 이후 시대의 다른 인격적 인간성의 대표자로의 진보란 있을 수 없다. 가장 원시적인 문화로부터 현대문화에 이르기까지 그 모든 시대의 대표적인 조각상들을 알고 있는 사람들은 모든 시대의 상들에서 인간성을 표현해 주는 예들(위엄, 진지함, 평온, 지혜, 용기, 긍휼)을 잘 알고 있다.

정의에 관한 상황도 다르지 않다. 물론 이것은 사회적, 정치적 체계를 자신의 정의의 이념을 적절한 표현으로 간주할 뿐 아니라 이전의 모든 형태를 정의의 이념에 대한 불충분한 접근으로 간주하는 문화에서는 대범한 주장이다. 그럼에도 민주주의의 정의는 다른 형태의 정의를 질적인 성격에서가 아니라 단지 양적인 요소에서만 초월한다는 것이 주장되지 않으면 안 된다. 인류 역사의 정의의 체계는 인간과 인간의 만남과 이 만남에서 비롯된 정의에 대한 탐구를 통해서 그리고 지리적, 경제적, 인간적 조건들 속에서 발전해 왔다. 여기서 조건들의 변화가 그에 상응하는 정의 체계 내의 변화와 조화를 이루지 못할 때 정의는 불의가 된다. 그러나 모든 체계 자체는 인간과 인간의 만남에서 없어서는 안 되는 본질적인 요소와 구체적인 상황에 어울리는 타당한 원리를 포함하고 있다. 그러한 체계 각각은 "하나님의 나라 정의"를 지시하고 있으며, 이 점에서 한 체계에서 다른 체계로의 진보란 있을 수 없다. 그러나 앞에서 고찰한 것처럼, 우리는 이 원리가 아직 미발달된 상태 속에 있는 단계와 그리고 성숙한 완성의 단계로부터 해체되는 단계 사이를 구별해야만 한다. 한 단계로부터 다른 단계로 가는 과정 중에는 진보와 쇠퇴와 퇴보가 존재한다. 질적으로 다른 정의의 비전을 구현하고 있는 성숙한 체계만이 진보를 초월해 있다.

이런 맥락 속에서 가장 중요한 질문은 종교에서 진보가 가능한 것인가이다. 확실히 종교적 기능 자체에 진보란 있을 수 없다. 궁극적 관심의 상태는 쇠퇴나 퇴보만큼 진보를 인정하지 않는다. 그러나 진보의 문제는 역사적인 종교들의 실존과 그들의 토대와 계시적 경험들과 더불어서 제기되고 있다. 우리가 그리스도 예수의 계시를 궁극적인 계시로 부르고 종교의 역사를 "역사의 중심"이 준비되거나 수용되는 과정으로 부를 때, 진보의 문제는 이미 긍정적으로 대답된 것처럼 보인다. 그러나 상황은 더 복잡하다.

그리스도의 '절대성'(absoluteness)에 대한 논의에서, 진화적 - 진보적 도식이 기독교와 다른 종교와의 관계에 적용되어 왔다. 이러한 관념의 고전적인 정식은 종교사에 대한 헤겔의 철학적인 해석이다. 그러나 이와 유사한 구조가 자유주의 신학의 반헤겔적인 체계에 명백하게 나타나 있고 감추어져 있기도 하다. 세속적인 종교 철학까지도 원시종교들과 위대한 종교 사이를 구별한다. 그러나 이러한 진화론적인 도식에 맞서서 위대한 종교들은 각각 그 자신들의 종교가 어느 정도 진리라고 생각되거나 또는 완전히 거짓이라고 생각되는 다른 종교들에 대해서 절대적이라고 주장한다. 이전의 고찰과 마찬가지로, 우리는 본질적으로 종교적인 것과 역사적 종교 내의 문화적인 요소들 사이의 구별을 강조하지 않으면 안 된다. 확실히 모든 종교의 문화적인 측면, 즉 종교의 인식적인 자기 해석과 미학적인 자기 표현에는 (인격과 공동체를 형성하는 경우에서처럼) 진보와 쇠퇴와 퇴보가 존재한다. 그러나 물론 여기서 진보는 이 기능들이 자신을 진보에 개방하는 만큼 제한된다.

그러나 결정적인 문제는 종교의 토대, 즉 종교가 근거하고 있는 계시적인 경험은 진보의 가능성을 가지고 있는가이다. 우리는 계시의 진보적인 역사에 대해서 말할 수 있는가? 이것은 우리가 진보적인 '구원사'(Heilsgeschichte)에 대해서 말할 수 있는가와 같은 질문이다. 첫 번째 대답은 영적 현존의 계시적 또는 구원적인 현현은 항상 동일하다는 것 그리고 이 점에서는 증감도 진보도 쇠퇴도 퇴보도 없다는 것이다. 그러나 영적 현존의 현현들의 내용과 그들의 상징적 표현들은 예술적 양식이나 철학적 통찰처럼 한 편에서는 거룩한 것과 인간의 만남 속에 포함되어 있는 가능성들에 의존하고 다른 한편으로는 가능성들 중에서 어느 한 쪽을 받아들이는 인간 집단의 수용성에 의존한다. 인간의 수용성은 역사적인 운명(종교적으로 말하자면, 역사적인 섭리)을 구성하고 있는 내외적인 요인들의 총체에 의해서 규정된다. 이 점에서 진보는 계시적 경험이 발생하는 다양한 문화적 단계들 사이에서 또는 영적인 것의 현현이 수용되는 다양한 정도의 명확성이나 힘 사이에서 가능한 것이다(이것은 문화적인 영역에서의 미성숙에서 성숙에로의 진보와 상응하는 것이다).

이와 같은 고찰의 빛 속에서는, 특정한 종교가 궁극적인 계시 위에 기초하고 있다는 주장을 유지할 수 없을 것이다. 종교의 진보 문제에 대한 가능한 유일한 대답은 보편적인 주장을 하는 것 없이 다양한 유형들이 함께 공존하는 것이다. 그러나 이러한 양상을 변화시킬 수 있는 하나의 관점이 있다. 그것은 모든 종교 내에 있는 신적인 것과 마성적인 것 사이의 갈등이다. 이 갈등에서 하나의 물음이 제기된다: 어느 종교적인 토대 위에서 그리고 어느 계시적인 사건 속에서 마성적인 것의 힘(종교적인 현실 안과 밖 모두에 있어서 실제적인 마성적인 것의 힘)이 파괴될 수 있는가? 기독교는 이것이 예언자적 유형의 종교 토대 위에서 그리고 그리스도 예수의 사건 속에서 발생했다고 대답한다. 기독교에 따르면 이 사건은 진보적인 접근의 결과가 아니고 다른 종교적인 가능성의 실현도 아니다. 이 사건은 거룩한 것과의 만남 속에 내포되어 있는 모든 가능성들을 통일하는 동시에 심판하는 성취이다. 그러므로 과거로부터 현재에 이르는 종교사 전체는 이 중심적인 계시의 보편적인 기초이며, 예언자적 유형의 계시적인 경험은 이 중심적인 계시의 특수한 기초이다. 이러한 견해는 보편적인 기초로부터 기독교가 그곳으로부터 성장한 유일한 사건으로의 수평적 진보라는 관념을 배제한다. 또한 기독교는 종교로서 '절대적'이고 다른 종교들은 기독교에 점진적으로 접근하고 있다는 관념도 배제된다. 절대적인 것은 종교로서의 기독교가 아니다. 절대적인 것은 그것에 의해서 기독교가 창조된 사건이며 또한 기독교가 그 속에서 긍정적이거나 부정적으로든지 다른 모든 종교와 똑같이 심판된 사건이다. 종교의 역사에 대한 이러한 견해(기독교는 궁극적인, 반마성적인 계시 사건에 근거하고 있다는 주장에서 비롯된 것이다)는 수평적인 것이 아니라 수직적인 것이다. 이 유일한 사건, 즉 모든 종교들의 기준인 동시에 원리적으로 모든 시대를 위해서 마성적인 것을 파괴시켜 버린 힘인 이 사건은 광범위하게는 과거로부터 미래에 이르는 종교적 발달의 기초 위에, 특수하게는 과거로부터 미래에 이르는 예언자주의의 기초 위에 서 있다. 이런 견해에는 진보주의적인 도식이란 있을 수 없다.

이제 이전의 고찰에서 암시한 것을 참조하여 진보가 주장되고 있는 영역들을 요약할 필요가 있다. 첫 번째로 그리고 거의 무제한적으로 진보의 결정적인 영역은 기술의 영역이다. 여기에서 그리고 여기서만 "보다 더 좋게"라는 구절이 본래의 자리를 가지고 있다. 더 좋은 도구와 목적이 무엇이든 간에 기술적으로 더 좋은 수단은 결코 끝 없이 계속되고 있는 문화적 현실이다. 비진보적인 요소는 단지 다음과 같은 질문이 제기될 때만 나타난다: 무슨 목적을 위해서? 또는 결과적으로 그들의 생산의 목적을 파괴시킬 수 있는 도구들이 있을 수 있는가?(예를 들어, 핵무기) 진보가 본질적인 두 번째 영역은 자연과학만이 아니고 방법론적인 탐구의 모든 영역의 학문이다. 이 학문적 주장은 실험과 거부와 변화에 개방되어 있는 가설이다. 철학에도 학문적인 요소가 있는 한 철학자는 같은 방법을 사용하지 않으면 안 된다. 철학적인 요소가 의식적으로나 무의식적으로 전제되어 있는 곳에 또는 어떤 주제가 연구되어야만 하는가에 대한 결단이 이루어져야만 하는 곳, 또는 그 주제에 침투하기 위해서 주제에 대한 실존적인 참여가 요구되고 있는 곳에서만 비진보적인 요소가 나타난다.

진보가 현실이 되는 세 번째 영역은 교육의 영역이다(교육이 기술 훈련에 의해서 이루어지든지, 아니면 문화적 내용의 매개에 의해서 이루어지든지, 아니면 주어진 삶의 체계에 대한 수용에 의해서 이루어지든지 간에). 이것은 성숙을 향해 한 인격의 진보를 이끌어 가는 개인적인 교육에 있어서도 명백하다. 하지만 이것은 모든 세대가 이

전 세대 유산의 상속자가 되고 있는 사회적인 교육에 있어서도 진실이다. 비진보적인 요소는 인간의 본성과 운명의 이해에 있어서 그리고 교육자와 피교육자 사이의 교육 공동체의 종류에 있어서 교육의 궁극적인 목적을 주장할 때마다 나타난다. 진보의 네 번째 현실적인 영역은 인류 내부 속에서 또는 인류를 초월해서 점점 극복되고 있는 공간적인 구분과 분리이다. 이와 같은 공간의 극복과 부분적으로 대등한 것은 모든 문화적인 창조에 대한 인간 존재의 참여이다. 양적으로 측정가능한 이 측면들에서는 진보는 현실적이었고, 현재도 현실적이며, 무한한 미래에도 현실적일 것이다. 이러한 운동들의 비진보적인 요소는 양적인 변화는 질적인 결과를 가져올 수 있고 또한 다른 시대들과의 관계에서 보면 유일하지만 그 자체는 진보도 아니고 퇴보도 아닌 새로운 시대를 창조할 수 있다는 사실 속에 놓여 있다.

이와 같은 역사적인 진보의 현실과 한계에 대한 분석은 종교적인 역사 해석에 있어서 진보를 하나의 상징으로서 평가할 수 있는 토대를 제공해 줄 수 있다.

II. 역사적인 차원의 생명의 모호성

1. 역사적인 자기통합의 모호성: 제국(empire)과 중앙집권(centralization)

역사는 자신의 궁극적인 목적을 향하여 달려가는 동안 계속해서 유한한 목표를 실현하는데, 그렇게 함으로써 자신의 궁극적인 목적을 성취하거나 파괴하기도 한다. 역사적인 실존의 모든 모호성들은 이와 같은 근본적인 모호성의 형태들이다. 만일 우리가 역사의 모호성들을 생명의 과정들과 연관시킨다면, 우리는 역사적인 자기통합의 모호성과 자기창조의 모호성과 자기초월의 모호성을 구별할 수 있다.

인간의 정치적인 실존의 위대성(즉, 역사적인 차원의 생명의 자기통합의 과정의 보편성과 총체성을 향한 인간의 노력)은 '제국'(empire)이라는 단어 속에 표현되어 있다. 성서에서는 제국의 모호성이 중요한 역할을 수행하고 있다. 이것은 교회사의 모든 국면들에 대해서 말할 때도 사실이고, 오늘에 이르기까지의 세속적인 운동에 대해서 말할 때도 사실이다. 제국은 그것이 모든 것을 포괄하려는 목적에 도달할 때까지는 형성되어 발전하거나 몰락하기도 한다. 이러한 보편성에 대한 추구를 단지 권력에의 의지(그것이 정치적이든지 아니면 경제적이든지 간에)로부터만 유추하는 것은 오히려 피상적인 것이다. 모든 형태의 권력에의 의지는 역사를 담지한 집단들의 자기통합에 있어서 필수적인 요소이다. 왜냐하면 그들이 역사적으로 행동할 수 있는 것은 오직 집중된 힘을 통해서만 가능하기 때문이다. 그러나 모든 것을 포괄하려는 운동에는 또 다른 요소가 존재한다. 그것은 역사적인 집단의 소명적인 자기이해이다. 이 요소가 강하면 강할수록, 그리고 정당하면 할수록 제국을 건설하려는 역사적 집단의 열정은 더욱 강해진다. 그리고 그것이 모든 구성원들의 지지를 많이 받으면 받을수록 오랜 시간 동안 지속할 가능성은 더 많아진다. 인류의 역사는 그러한 예들로 가득 차 있다. 서양 역사에는 다음과 같은 소명의식의 (유일한 것은 아니지만) 위대한 예들이 존재한다. 로마제국은 법을 대표하고, 독일제국은 그리스도의 몸을 대표한다. 대영제국은 기독교 문명을 대표한다. 러시아제국은 기계화된 문명에 대해서 인간성의 깊이를 대표한다, 아메리카제국은 자유의 원리를 대표하기 위해서 부름받았다. 그리고 이에 상응하는 예들이 인류의 동방지역에도 존재한다. 위대한 정복자들은(루터가 상기시켜준 것처럼) 하나님의 마성적인 가면들(masks)이다. 하나님은 보편적인 중심성을 향한 이 가면들의 운동을 통해서 그의 섭리적인 역사를 수행하신다. 이런 이해 속에는 "제국의 모호성"이 상징적으로 표현되어 있다. 왜냐하면 제국 건설의 분열적이며 파괴적이고 세속적인 측면은 통합적이며 창조적이고 숭고한 측면만큼이나 분명한 것이기 때문이다. 어떠한 상상력도 제국의 성장과 불가피하게 연관되어 있는 구조와 생명과 의미의 고통이나 파괴의 양을 모두 파악할 수 없다. 우리 시대에는 두 개의 위대한 제국적 세력들, 즉 미국과 러시아의 모든 것을 포괄하려는 경향은 인류의 가장 깊고도 가장 보편적인 분열을 초래했다. 그리고 이것은 이 두 제국들이 단지 경제적인 권력에의 의지나 정치적인 권력에의 의지에 의해서 생성되지 않았기 때문에 발생했다. 이 두 제국은 그들의 자연적인 자기 긍정과 결부되어 있는 그들의 소명 의식에 의해서 등장했고 강력해졌다. 그러나 이런 갈등의 비극적인 결과는 모든 역사적인 집단과 개별적인 인간 존재 속에서 인지될 수 있다. 그리고 이들은 인류 자체를 파괴할 수도 있다.

이러한 상황은 우리에게 세계사라고 불리우는 것에 대한 실마리를 제공해 준다. 여기서 '세계'는 인류를 의미한다. 그리고 세계사는 모든 인류의 역사를 의미한다. 그러나 이와 같은 것은 있을 수 없다. 우리가 금세기까지 가졌던 모든 것은 인간 집단들의 역사이다. 그리고 이 집단들의 역사 편찬은 그것들이 알려져 있는 바대로 세계사라고 부를 수 있지만 확실히 인류의 역사는 아니다. 그러나 금세기에서 있어서 공간의 기술적인 극복은 전체로서의 인류 역사를 가능하게 하는 통일성을 만들어 내고 있고 그것을 현실화시켜 가고 있다. 물론, 이것은 이전 역사의 고립적인 성격을 바꾸지는 못한다. 하지만 인간의 역사적인 통합을 위한 새로운 단계이다. 이러한 의미에서 우리의 세기는 새로운 것의 창조와 관련하여 위대한 세기들에 속한다. 그러나 인류의 기술적인(또는 기술 이상의) 결합의 직접적인 첫 번째 결과는 인류의 비극적인 분열, 즉 "정신분열증"(schizophrenia)이었다. 모든 역사의 최고 통합의 순간은 최고의 분열 위험, 심지어 급진적인 파괴 위험까지도 내포하고 있다.

　이와 같은 상황의 견지에서 우리는 '하나'의 목적에 대해서 말하는 것이 정당한 것인지를 묻지 않을 수 없다. 만일 우리가 모든 부족이나 민족들이 모든 것을 포괄하기 위해서 노력하지 않았고 또 지금도 노력하고 있지 않다는 것과 모든 정복이 제국 건설의 모호성을 가지고 있는 것은 아니라는 것과 심지어 보편적인 통합을 강력하게 지향했던 사람들조차도 제한된 부족적 또는 민족적 중심주의로 퇴각함으로써 그것을 무효화시켰다는 것을 깨닫게 된다면, 이 질문은 보다 긴급한 것이 된다. 이러한 사실들은 역사를 담지한 집단들에는 역사의 역동성의 보편주의적인 요소에 대항하는 하나의 경향이 있었다는 것을 보여준다. 사실 담대한, 때로는 궁극적으로 예언자적인 성격을 지닌 제국의 이념도 부족적, 지역적, 민족적 고립이나 제한된 공간적 통일을 옹호하는 역행을 산출하기도 했다. 이러한 역행은 역사 전체의 운동에 간접적으로 큰 공헌을 했다. 그러나 우리가 주장할 수 있는 것은 이와 같은 종류의 모든 중요한 경우들에 있어서 고립주의 운동은 진정한 행동이 아니었고 지금도 진정한 행동이 아니며 보편주의적인 운동으로부터의 역행이며 퇴각이라는 것이다. 역사적인 실존은 역사적인 시간의 '별' 아래에 서 있으며, 모든 특수주의의 저항에 맞서서 앞으로 달려가고 있다. 그러므로 고립주의의 시도는 결코 궁극적으로는 성공할 수 없다. 고립주의의 시도는 그 본질이 보편주의적인 역사의 역동성에 의해서 좌절될 수밖에 없다. 어떠한 개인이나 집단도 제국의 상징에서 표현된 것과 같은 역사의 위대성의 비극적인 의미를 피하기 위해서 역사의 역동성을 피할 수는 없다. 그러나 그렇다고 해도 세계사의 개념은 과거에 알려지지 않았거나 또는 아무 관계도 없는 역사적인 운동들의 관점에서 볼 때 여전히 의심스러운 것이다. 이것은 경험적으로는 정의될 수 없고 오직 자기초월로서의 역사 해석의 견지에서만 이해되어야 한다.

중심성의 모호성은 역사적인 통합이라는 외면적인 측면에만 관련된 문제일 뿐 아니라 내면적인 측면에도 관련된 문제이다. 역사를 담지한 모든 집단들은 그것 없이는 역사적으로 행동할 수 없는 권력구조를 가지고 있다. 이 권력 구조가 한 역사적인 집단 내부의 중심성의 모호성 원천이다. 우리가 지도력의 모호성을 논의할 때는 구조적인 측면에 대해서 논의했다. 이제 역사적인 차원 안에서는 역동적인 측면이 고려되어야 한다. 즉, 우리는 외면적인 중심성과 내면적인 중심성 사이의 관계를 살펴보지 않으면 안 된다. 이것은 정치적으로 말하자면, 국제관계와 정치 사이의 관계를 의미한다. 여기에는 두 가지 상반된 경향이 존재한다. 그 하나는 역사를 담지한 집단, 특히 제국적인 집단에 속하는 모든 사람들의 생명을 전체주의적으로 지배하려는 경향이고, 다른 하나는 창조성을 육성해주는 인격적 자유를 지향하는 경향이다. 첫째의 경향은 외적인 갈등이 중심화된 권력의 증대를 요구하거나 집단 내의 분열적인 세력이 중심성 자체를 위험하게 만든다면 강화된다. 그 어느 경우에도 강력한 중심의 필요성은 모든 역사적인 창조성의 전제 조건인 자유의 요소를 감소시키거나 멸절시키는 경향이 있다. 이 집단은 그것의 엄격한 중앙집권 때문에 역사적으로 행동할 수 있지만 미래로 돌진하는 창조적인 잠재성들을 억압하기 때문에 그 힘을 창조적으로 사용할 수 없다. 오직 전제적인 엘리트들만—또는 독재자만 홀로—역사적으로 행동할 수 있는 자유를 가진다. 그렇게 되면 이 행동들은 자유롭고 도덕적이고 문화적이며 종교적인 인물들과의 만남 속에서만 나타날 수 있는 의미가 박탈당한 상태 속에 있기 때문에 그 행동들은 공허한 힘의 충동이 되고 만다(이 힘은 자주 웅대한 운동이 되기도 한다). 이 공허한 충동들은 역사적인 운명의 도구로서 사용될 수도 있다. 그러나 이 공허한 충동들은 그들이 사용하는 역사적인 집단의 파괴에 의해서 의미가 상실되는 대가를 지불하게 된다. 왜냐하면 의미를 잃어버린 힘은 힘으로서의 자신도 잃어버리기 때문이다.

정치적인 중심성과 역사적인 창조성을 서로 대립시키는 태도는 전자를 후자에게 희생시키게 된다. 이것은 만일 집단 전체의 중심이 하나의 하부중심에서 다른 하부중심으로 바뀐다면 또는 어떤 포괄적 중심도 전혀 확립될 수 없다면, 역사를 담지한 집단 내의 권력의 다양한 중심들로부터 생겨날 수 있다. 이것은 역사의 가장 비극적인 시기이며 또한 자주 가장 창조적인 시기이기도 하다. 그리고 중심은 개인적인 창조성을 고무시키다가 중심화된 역사적인 행동에 필요한 힘을 박탈당할 수도 있다-이러한 상황은 일반적으로 독재시대를 뒤따라 일어난다. 이런 경우에 역사 전체에 대한 영향은 심지어 위대한 개인적인 창조의 영향도 여전히 간접적인 것이 되고 만다. 왜냐하면 거기에는 중심화된 역사적인 행동이 결여되어 있기 때문이다.

이런 고찰들은 다음과 같은 문제로 나아간다. 어떻게 외적인 제국적인 경향과 내적인 중앙집권 사이의 모호성이 모호하지 않은 역사적인 통합 내에서 극복될 수 있는가?

2. 역사적인 자기창조의 모호성: 혁명(revolution)과 반동(reaction)

역사적인 창조성은 역동성의 진보적인 요소에서 뿐만 아니라 비진보적인 요소 안에서도 일어나고 있다. 역사적인 창조성은 새로운 것이 역사적인 차원 아래 모든 영역 속에서 창조되는 과정이다. 역사 안의 새로운 모든 것은 그 자체 안에 그것이 자라나온 낡은 요소를 지니고 있다. 헤겔은 이 사실을 낡은 것은 새로운 것 안에서 부정되는 동시에 보존되고 있다(aufgehoben)는 잘 알려진 말로 표현했다. 그러나 헤겔은 이와 같은 성장의 구조와 그 구조의 파괴의 가능성 사이의 모호성을 진지하게 숙고하지 못했다. 그와 같은 낡은 요소들은 세대들 사이의 관계 속에서, 예술적이며 철학적인 양식들의 갈등들과 정당들의 이데올로기들과 혁명과 반동 사이의 동요 속에서 이 갈등들이 초래한 비극적인 상황들 속에서 엿볼 수 있다. 역사의 위대성은 새로운 것을 향해 달려간다는 데 있다. 그러나 역사의 위대성은—그의 모호성 때문에—또한 역사의 비극성이기도 하다.

세대들 사이의 관계의 문제는 (이전에 논의했던) 권위의 문제가 아니라 역사의 역동성의 낡은 것과 새로운 것 사이의 관계의 문제이다. 새로운 것에 공간을 만들어 주기 위해서는 젊은 세대는 낡은 것이 그 속에서 자라나온 창조적인 과정을 무시하지 않으면 안 된다. 새로운 것의 대표자들은 마지막 결과들에 함축되어 있는 이전의 문제들에 대한 대답을 의식하지 않고서 그 과정들의 마지막 결과들을 공격한다. 그러므로 이 공격들은 필연적으로 불공정한 것이다. 하지만 그들의 불공정성이 주어진 것을 돌파해 나가는 힘의 불가피한 요소이다. 당연히 그들의 불공정성은 낡은 쪽의 부정적인 반발을 야기시킨다. 여기서 부정적이라는 말은 불공정하다는 의미보다는 이해할 수 없다는 의미이다. 낡은 것의 대표자들은 기존의 결과들 속에서 그들 자신의 창조적인 과거의 수고와 위대성을 본다. 즉 그들은 자신들이 창조성을 향해 나아가는 새로운 세대의 길에 걸림돌이 되고 있다는 것을 보지 못한다. 이 싸움에서 낡은 것의 지지자들은 굳어지고 독해진다. 그리고 새로운 것의 지지자들은 좌절하고 공허해진다.

정치적인 생명이 주로 역사적인 창조성의 모호성에 의해서 구성된다는 것은 당연한 것이다. 모든 정치적 행동은 새로운 무엇인가를 지향하고 있다. 그러나 차이는 이 새로운 발걸음이 새로운 것 자체를 위해서 내딛고 있느냐 아니면 낡은 것을 위해서냐 하는 것이다. 비혁명적인 상황에서도 보수 세력과 진보 세력 사이의 싸움은 인간적인 유대의 분열로, 어느 정도는 무의식적이고 어느 정도는 의식적이며 사실적인 진리의 왜곡으로, 계획되지 않은 일의 성취의 약속과 다른 쪽에 속해 있는 창조적인 세력의 억압으로 나아간다. 결국, 혁명적인 상황은 혁명과 반동 사이의 파괴적인 투쟁으로 발전할 수도 있다. 상황에 따라서는 혁명만이(항상 유혈 혁명만 있는 것은 아니다) 새로운 창조에로의 돌파를 성취할 수도 있다. 이러한 폭력적인 돌파는 창조를 위한 파괴의 예이다. 이러한 파괴는 때때로 너무 과격해서 새로운 창조가 불가능하게 되거나 또는 그 집단과 집단의 문화가 거의 식물적인 실존의 단계에까지 느리게 환원되어 버리는 현상이 발생하기도 한다. 바로 이와 같은 극단적인 혼란의 위험성이 기존의 세력들에게 이데올로기적인 정당성을 부여해주어 혁명적 세력을 억압하거나 반혁명에 의해서 혁명적인 세력을 극복하게 만들고 있다. 자주 혁명 그 자체는 그것의 본래적인 의미에 모순되는 방향으로 나아가 그것을 시작한 사람들을 전멸시키기도 한다. 만일 반혁명이 승리한다면, 역사는 반혁명이 주창한 '이상적인' 단계로 되돌아가지 않고 새로움을 거부하면서도 천천히 새로운 것의 세력들에 의해서 잠식당하는 새로운 것에게로 나아가게 된다-여기서 새로운 것의 세력은 그들의 출현이 아무리 왜곡될지라도 결국은 배제될 수 없는 것이다. 이와 같은 과정들 속에서 나타나는 인간적인 희생과 사물들의 파괴의 막대함은 우리를 모호하지 않은 역사적인 창조성의 문제로 이끌어 간다.

3. 역사적인 자기초월의 모호성: 주어진(given) 것과 기대된 (expected) 것으로서의 "세 번째 단계"

낡은 것과 새로운 것 사이의 갈등은 어느 한 쪽이 궁극성을 주장한다면 가장 파괴적인 단계에 이르게 된다. 이처럼 자기를 궁극적인 것으로 높이려는 것이 마성의 정의이다. 그리고 마성적인 것이 역사적인 차원 안에서처럼 명백하게 나타나는 곳도 없다. 궁극성의 주장은 역사가 향하여 나아가는 궁극적인 것을 지니고 있거나 또는 가지고 온다는 주장의 형태를 취한다. 이것은 정치의 영역에서만이 아니라 보다 직접적으로는 종교의 영역에서도 발생하고 있다. 거룩한 옛 것과 예언자적인 새로운 것 사이의 갈등은 종교사의 중심 주제이다. 더욱이 마성이 좋아하는 장소가 거룩한 것이라는 사실로 인해서, 이런 갈등은 종교전쟁이나 종교적 박해에 있어서 모든 것을 능가하는 파괴에 도달하고 있다. 역사적인 역동성의 관점에서 보면, 이것은 현실적인 성취의 견지에서나 또는 예기적인 성취의 견지에서 역사의 목적을 대표한다고 주장하는 다양한 집단들 사이의 갈등이다. 이런 맥락에서 우리는 "세 번째 단계"(third stage)라는 전통적인 상징을 사용할 수 있다. 이 상징의 신화론적인 배경은 낙원, 타락, 회복이라는 우주적인 드라마이다. 역사에 대한 이 상징의 적용은 몇몇 세계사의 묵시적인 환상과 기대된 새로운 마지막 시대의 도래를 가져왔다. 어거스틴의 역사 해석에서 마지막 시대는 기독교 교회의 토대와 함께 시작된다. 그와는 반대로 요아킴 피오레는 몬타누스주의적인 관념에 따라서 세 가지 시대에 대해서 말한다. 여기서 세 번째 시대는 아직 나타나지 않았으며 수 십년이 지나서 나타날 것이다. 역사의 마지막 단계의 시작에 있다는 느낌은 종교적인 입장에서 분파운동에 의해서, 예를 들어 최후의 종말 이전에 그리스도가 천년 동안 역사를 통치하실 것이라는 상징에 의해서 표현되었다. 계몽주의와 관념론의 시대에는 세 번째 단계의 상징은 세속화되었고 혁명적인 기능을 가지고 있었다. 부르주아와 프롤레타리아는 그들의 세계사적인 역할을 각각 "이성의 시대" 또는 "계급 없는 시대"의 담지자로 간주했다. 이 용어들은 세 번째 단계의 상징 변형들이다. 각각의 형태의 상징에는—그것이 종교적이든지 아니면 세속적인 것이든 간에—세 번째 단계가 시작되었다는 것과 역사는 원리적으로 능가될 수 없는 지점에 도달했다는 것과 "종말의 시작"이 가까이 왔다는 것과 우리는 역사가 지향하는(역사는 그 과정 중에 매순간 자신을 초월한다) 궁극적인 성취를 볼 수 있다는 확신이 표현되어 있다. 이와 같은 관념들에는 역사적인 차원에서 생명의 자기초월이 표현되어 있는데 그것은 두 가지 아주 모호한 태도로 나아간다. 첫째는 자기절대화이다. 여기서는 현재의 상황이 세 번째 단계와 동일시된다. 두 번째는 유토피아이다. 여기서는 세 번째 단계가 근접해 있는 것으로 또는 이미 시작된 것으로 여겨진다. 자기 절대화의 태도는 모호한 것이다. 왜냐하면 이것은 한편으로는 생명의 자기 초월을 종교적 또는 유사 종교적인 상징을 통해서 나타내면서도 다른 한편으로는 이 종교적인 상징을 궁극적인 것 자체와 동일시함으로써 생명의 자기 초월을 감추기 때문이다. 이런 모호성은 고전적으로는 그 자신이 지상에서의 천 년 간의 그리스도 통치의 묵시록적인 환상의 성취라고 주장하면서 이러한 자기 해석으로부터 신적인 특성과 마성적인 특성 모두를 받아들인 로마 교회의 주장 속에 표현되어 있다. 또한 분파주의적인 운동들과 세속주의적인 운동들에 있어서도, 우리가 이 운동들이 그들의 열정이나 이것을 성취하기 위해서 지불하는 희생을 통해 새로운 역사적인 현실들을 창조해 나가는 방식이다. 만물의 상태가 그들의 기대를 확증해 주지 못할 때 그 결과로 생기는 심오한 실존적인 절망과 그것에 뒤따르는 냉소주의와 무관심과 대조해 보면 그 모호성은 가장 명백하게 드러난다. 역사는 자기초월의 모호성을 이러한 동요 속에서 가장 현저하게 나타내주고 있다. 무엇보다도 이 동요 속에서 역사의 수수께끼는 실존적인 관심사가 되고, 철학적인 신학적인 문제도 되고 있다.

 마지막 세 가지 고찰들이 시사한 바는, 생명의 세 가지 기능들의 구별을 역사에 적용하는 것이 가능할 뿐만 아니라 의미가 있다는 것과 생명의 다른 차원들에서처럼 이 기능들은 역사적인 실존의 위대성과 비극 양자 모두의 원인이 되고 있는 피할 수 없는 갈등들을 야기시키고 있다는 것이다. 이와 같은 분석은 우리를 역사의 의미에 관련하여 유토피아와 절망으로부터 해방시켜 주고 있다.

4. 역사에 있어서의 개인의 모호성

대부분의 종교와 철학은 "역사는 개인이 거기에서 행복을 발견할 수 있는 장소가 아니다"라는 헤겔의 판단에 동의한다. 세계사를 표면적으로 살펴보아도 이 주장의 진리성이 나타난다. 그리고 보다 깊은, 보다 포괄적인 고찰은 이 주장을 압도적으로 확인해 준다. 그럼에도 이것은 진리 전체가 아니다. 개인은 그가 속해 있는 역사를 담지한 집단으로부터 한 인격으로서의 자신의 삶을 받아들인다. 역사는 모든 사람들에게 그의 실존의 육체적, 사회적, 정신적 조건을 부여해 준다. 언어를 사용하는 사람은 어느 누구도 역사 밖에 존재하지 않는다. 그리고 그 누구도 역사로부터 물러날 수 없다. 사회적이며 정치적인 모든 속박을 끊으려고 애쓰는 수도승이나 은둔자도 그들이 회피하려는 역사에 의존하고 있다. 더욱이 그들이 자신들을 분리시키려고 애쓰고 있는 역사적인 운동에 영향을 주고 있다. 자주 반복되는 사실은 역사적으로 행동하기를 거부했던 사람들이 역사적인 행동의 중심에 가까이 서 있었던 사람들보다 역사에 더 큰 영향을 주었다는 것이다.

역사는 정치에만 국한되지 않는다. 인간의 문화적이고 종교적 활동의 모든 측면들은 역사적인 차원을 가지고 있다. 따라서 모든 사람들이 인간 활동의 모든 영역에서 역사적으로 행동한다. 가장 작고 가장 낮은 봉사도 사회의 기술적인 경제적인 토대를 뒷받침해 주고, 결과적으로는 그것의 역사적인 운동을 지지해 준다. 그러나 모든 인간 존재가 역사에 보편적으로 참여하고 있다는 것은 정치적인 기능이 역사적인 활동에 있어서 압도적이라는 것을 배제하지는 않는다. 이러한 압도는 역사를 담지한 집단들의 내적 또는 외적이며 정치적인 성격에서 비롯된 것이다. 역사 내의 생명을 포함하여 모든 생명들의 전제 조건은 생명의 구성요소들의 중심성이다(역사의 경우에는 정적인 특성과 역동적인 특성을 지니고 있는 역사적인 집단들의 중심성). 그리고 이 중심성이 현실화되는 기능이 정치적인 기능이다. 그러므로 역사의 이미지는 그것이 대중적인 견해이든 학문적인 저서이든 간에 정치적인 인격들과 그들의 행동에 의해서 지배되고 있다. 심지어 경제, 과학, 예술 또는 교회에 대한 역사적인 서술도 그 속에서 문화적이며 종교적인 활동들이 일어나는 정치적 틀에 대한 지속적인 언급을 피할 수 없다.

정치적 기능의 압도적인 우위성과 동시에 역사에 있어서의 개인의 모호성은 정치적 영역의 민주주의적인 조직에서 가장 현저하게 엿볼 수 있다. 앞에서 진술한 것처럼 민주주의는 절대적인 정치 체계가 아니다. 그러나 이것은 중심화된 역사적인 집단 내의 모든 사람들에게 역사적인 과정을 결정하는 창조적인 자유를 보장해 주는 지금까지 발견된 가장 좋은 제도이다. 정치의 우위성은 창조적인 자유가 전제되어 있는 다른 모든 기능들이 정치적인 조직체에 의존하고 있다는 것을 내포한다. 이것을 검증하기 위해서는 독재 체제가 윤리와 종교를 포함하여 모든 문화적인 활동의 형태들을 중심적인 정치 세력에게 종속시키려고 한 시도를 살펴보는 것으로 충분하다. 그 결과는 정치적인 창조성의 자유의 박탈일 뿐만 아니라 중심적인 권위들이 창조성의 자유를 갈망하고 있는 영역들을 제외한 그 밖의 모든 영역들에서의 창조성의 자유의 박탈이기도 하다(소련의 과학적인 활동에서처럼). 민주주의는 정치적인 영역의 자유를 위해 싸움으로써 역사적인 운동에 기여하고 있는 모든 영역들에서 자유를 위해 싸울 수 있도록 해준다. 그럼에도 민주주의 정치 체계에 대한 개인의 참여는 한계와 모호성이 없는 것은 아니다. 특히 정치활동에 있어서 대표제의 기술이 개인의 참여를 극도로 제한할 수 있으며, 때때로는 강력한 당 관료가 지배하는 대중사회에서는 개인의 참여가 사라져 버리기도 한다. 다수파는 수 많은 개인들에게서 정치적 영향력을 무기한 박탈함으로써 만들어지거나 유지될 수 있다. 지배 집단의 손아귀에 있는 대중적인 의사소통의 통로는 독재정권 시대처럼 모든 영역의 창조성을 교묘하게 죽이는 순응의 기관이 될 수 있다. 정치적 영역이 그 대표적인 예이다. 다른 한편으로 민주주의는 집단 내의 파괴적인 분열 때문에 작동할 수 없게 될 수도 있다. 예를 들어, 너무 많은 정당들이 등장해서 행동 가능한 다수당이 불가능할 수도 있다. 또는 이데올로기적으로 절대적이어서 서로에 대해서 생사의 싸움을 벌이는 정당들이 등장할 수도 있다. 그러한 경우에는 독재정치가 멀리 있지 않다.

역사에 있어서 개인의 모호성들은 어떤 정치 체계 안에서도 타당한 것이다. 이 모호성들은 역사적인 희생의 모호성으로 요약될 수 있다. 역사에 대한 개인의 참여는 기본적인 성격이 많은 사람들에게 있어서 역사로부터 완전히 도피하려는 욕망을 야기시키고 있다. "사느냐 죽느냐"와 같은 햄릿의 독백에는 이러한 욕망에 대한 많은 역사적인 원인들이 열거되어 있다. 오늘날 진보주의적인 이데올로기의 파탄은 광범위한 무관심을 양산해 왔고, 보편적인 자기 파괴의 특징을 지니고 있는 동서의 분열은 무수한 개인들을 냉소주의와 절망으로 내몰았다. 그래서 이들은 유대교의 묵시와 함께 세상은 "낡아졌다"고, 즉 마성적인 세력들이 지배하는 영역이 되었다고 느낀다. 그리고 이들은 체념이나 신비적인 고양 속에서 역사를 초월한다. 역사가 달려가는 목적을 나타내는 희망의 상징들은—그것이 세속적인 것이든 종교적인 것이든 간에—그들의 영향력을 상실해 버렸다. 개인은 자신을 아무런 영향도 끼칠 수 없는 세력의 희생물로 느낀다. 개인에게 있어서 역사는 희망 없는 부정성이다.

역사적인 차원에서 생명의 모호성들과 역사적인 집단 내의 개인 생명에 있어서 이러한 모호성들의 의미는 다음과 같은 물음을 야기시킨다: 역사의 의미는 무엇이며, 보편적인 실존의 의미는 무엇인가? 역사의 모든 해석들은 이런 물음에 대해서 대답을 제시하려고 노력하고 있다.

III. 역사 해석과 하나님의 나라에 대한 탐구

1. 역사 해석의 본질과 문제

모든 전설, 모든 연대기, 과거 사건의 모든 보도, 모든 학문적인 역사적인 업적은 해석된 역사를 포함하고 있다. 이것은 우리가 앞에서 논의한 역사의 주관적이며 객관적인 성격의 결과이다. 그러나 그와 같은 해석은 많은 층들을 가지고 있다. 이 층들은 중요성의 기준에 따른 사실들의 선택, 인과적인 의존에 대한 평가, 개인적이고 공동체적 구조들의 이미지, 개인과 집단과 대중의 동기이론, 사회적이며 정치적인 철학, 인정되었든 아니든 간에 이 모든 밑바탕에 놓여 있는 존재 일반의 의미와 결부되어 있는 역사의 의미에 대한 이해 등을 포함하고 있다. 그러한 이해는 의식적으로 또는 무의식적으로 해석의 다른 모든 층들에게 영향을 주고 있다. 그리고 이것은 역으로 특수하게 그리고 보편적으로 역사적인 과정들의 지식에 의존하고 있다. 이와 같은 모든 층의 역사적인 지식과 역사 해석 사이의 상호의존은 어느 층에서든지 역사를 다루는 사람들에 의해서 인지되지 않으면 안 된다.

우리의 문제는 다음과 같은 물음의 의미에서 역사를 어떻게 해석할 것인가이다: 실존일반의 의미에 있어서의 역사의 중요성은 무엇인가? 역사는 어떤 방식으로 우리의 궁극적인 관심에 영향을 끼치는가? 이 물음에 대한 대답은 역사적인 차원의 생명 과정들에 포함되어 있는 모호성들과 연관되어야만 한다. 이 모호성들 모두는 역사적인 시간이 지니고 있는 근본적인 이율배반의 표현들이다.

역사의 의미의 물음에 대한 대답은 어떻게 가능한가? 명백하게 역사의 주관적이며 객관적인 성격은 초연한 과학적인 의미의 객관적인 대답을 배제한다. 역사적인 행동에 대한 전적인 참여만이 역사 해석에 토대를 제공할 수 있다. 역사적인 행동이 역사 이해의 열쇠이다. 그러나 역사적인 행동에는 많은 유형이 있는 것처럼 이 행동은 많은 해석을 초래할 수도 있다. 그로 인해서 다음과 같은 물음이 제기된다. 어느 유형이 올바른 열쇠를 제공하는가? 또는 간단히 말해서 역사의 의미를 열어주는 보편적인 견해를 얻기 위해서 우리는 어느 역사적인 집단에 참여해야만 하는가? 모든 역사적인 집단은 특수한 것이다. 그리고 역사적인 행동에 대한 참여는 역사적인 창조성의 목적에 대한 특수한 견해를 포함하고 있다. 역사 이해의 열쇠와 길을 결정하는 것은 앞에서 언급한 소명의식이다.

예를 들어, 헬라인의 소명에 대한 자기 해석은 아리스토텔레스의 '정치학'에 나타난 것처럼 헬라인과 야만인 사이의 대조 속에서 역사 해석의 열쇠를 찾았고, 반면에 유대인의 소명의 자기 해석은 예언 문학에 나타난 것처럼 세계 열방에 대한 야훼의 지배 속에서 역사 해석의 열쇠를 찾았다. 더 많은 예들이 이후에 제시될 것이다. 여기서 제기되는 문제는 다음과 같은 것이다: 어느 집단이 또는 어떤 소명 의식이 전체 역사에 대한 열쇠를 줄 수 있는가? 분명히 만일 우리가 대답하려고 시도한다면, 우리는 이미 보편성을 지니고 있는 역사 해석을 전제로 하고 있는 것이다. 즉, 우리는 이미 그 대답의 사용을 정당화하는데 열쇠를 사용하고 있는 것이다. 이것은 조직신학이 그 안에서 움직이고 있는 "신학적인 마당"의 불가피한 결과이다. 하지만 이것은 역사의 궁극적인 의미가 질문되는 곳에서는 불가피한 마당이다. 열쇠와 열쇠가 여는 것은 동일한 행위 속에서 경험되고 있다. 특정한 역사 집단의 소명 의식의 긍정과 이 의식 안에 내포되어 있는 역사의 이해는 함께 간다. 현재의 신학체계 내에서 열쇠와 대답이 발견되는 곳은 기독교이다. 기독교의 소명 의식에 있어서, 역사는 역사적인 차원의 생명의 모호성들이 지니고 있는 물음들이 "하나님의 나라"의 상징을 통해서 대답되는 가운데 긍정되고 있다. 그러나 이것은 하나님 나라의 상징을 다른 많은 유형의 역사이해와 대조시키고 이 상징을 그 대조의 빛 속에서 재해석하는 가운데 검증해야만 하는 주장이다.

역사의 해석은 역사의 물음에 대해서 하나 이상의 대답을 포함하고 있다. 역사는 모든 것을 포괄하는 생명의 차원이기 때문에 그리고 역사적인 시간은 시간의 다른 모든 차원들이 전제되어 있는 시간이기 때문에, 역사의 의미에 대한 대답은 존재의 보편적인 의미에 대한 대답을 내포하고 있다. 역사적인 차원은 단지 종속된 차원일지라도 생명의 모든 영역들에 현재한다. 인간의 역사에서 역사적인 차원은 그 본래의 것이 된다. 그러나 이 차원은 그 본래의 것이 된 이후에 자신 안으로 다른 차원들의 모호성들과 문제들을 이끌어 온다. 하나님의 나라의 상징의 입장에서 말하자면, 이것은 '나라'는 모든 영역의 생명을 포함한다는 것과, 존재하는 모든 것은 역사의 내적 목적, 즉 완성 또는 궁극적인 승화를 향한 노력에 참여한다는 것을 의미한다.

물론, 이러한 주장은 역사를 어떻게 해석할 것인가의 물음에 대한 대답을 넘어서는 것이다. 이것은 하나의 해석을 포함하고 있다. 그러므로 이제 제기되는 문제는 다음과 같은 것이다: 현재의 신학체계에 나타나고 있는 것처럼 역사의 내적인 목적의 이와 같은 특수한 이해는 어떻게 기술될 수 있고 정당화 될 수 있는가?

2. 역사의 의미의 물음에 대한 부정적인 대답들

생명의 모든 차원들이 지니고 있는 모호성들의 마지막 표현으로서 역사의 모호성은 역사와 생명 자체의 평가에 있어서 근본적인 분열을 초래해왔다. 우리는 새로운 존재나 역사 해석의 두 가지 대립된 유형(비역사적인 유형과 역사적인 유형)에 의한 새로운 존재의 기대에 관해서 논의할 때 이미 언급하였다. 우리의 고찰의 첫 번째 주제인 비역사적인 유형은 역사적인 시간의 "앞을 향해 달려감"은 역사

안이나 역사 위에 어떠한 목표도 가지고 있지 않다는 것과 역사는 개별적인 존재가 인격적인 삶의 영원한 목표를 의식하지 않으면서 삶을 살아가는 '장소'라는 것을 전제로 한다. 이것은 역사에 대한 대다수 인간들의 태도이다. 우리는 비역사적인 역사 해석의 세 가지 형태를 다음과 같이 구별할 수 있다: 비극적인, 신비적인, 기계적인 역사 해석.

비극적인(tragic) 역사 해석은 헬라 사상에서 그것의 고전적인 표현을 찾아 볼 수 있지만 결코 이것에 국한되지 않는다. 이 견해에서 역사는 역사적 또는 초역사적인 목적을 향하여 달려가지 않고 원 안에서 처음으로 되돌아 간다. 역사는 그 과정 중에 모든 존재에 대해서 기원, 절정, 쇠퇴를 제공하는데, 이들 각각에는 자신의 때가 있고 특정한 한계도 있다. 이 시간의 영역 너머와 위에는 아무것도 없으며, 시간 그 자체는 숙명에 의해서 결정되어 있다. 우주적인 순환 내에서 전체적으로 퇴보의 과정을 구성하고 있는 시기들이 구별될 수 있다. 이 퇴보 과정은 기원적인 완전에서 출발하여 점점 세계와 인간의 본질의 상태가 완전한 왜곡의 상태로 떨어지는 것으로 구성된다. 시간과 공간 내의 실존 또는 개인이 개인으로부터 분리된 실존은 반드시 자기 파괴를 유발하는 비극적인 죄책이다.

그러나 이 비극은 위대성을 전제로 하는 것이다. 그리고 이러한 견해에는 중대한 강조점이 중심성과 창조성과 숭화의 견지에서 위대성 속에 놓여 있다. 자연, 민족, 인격 속에서 생명의 영광이 찬양된다. 그리고 바로 그것 때문에 생명의 짧음과 비참과 비극성이 한탄된다. 그러나 여기에는 역사의 내재적 또는 초월적인 성취에 대한 희망과 기대도 없다. 이것은 비역사적이며, 발생과 쇠퇴의 비극적 순환이 마지막 언어이다. 생명의 어떠한 모호성도 극복되지 않는다. 즉, 붕괴되고 파괴되며 세속화된 생명의 측면에는 어떠한 위로도 없다. 생명의 유일한 자원은 영웅과 현자 모두를 역사적인 실존의 끊임없는 변화 너머로 이끌어 올리는 용기뿐이다.

역사를 초월하는 이러한 길은 비역사적인 역사해석의 두 번째 유형, 즉 신비적인(mystical) 유형을 지시해 준다. 이 유형은 비록 서양 문화에서 나타났을지라도 (예를 들어, 신플라톤주의와 스피노자주의에서처럼) 베단타 힌두교, 도교, 불교와 같은 동양에서 가장 완전하게 또한 효과적으로 전개되었다. 역사적인 실존은 그 자체로서는 어떠한 의미도 가지고 있지 않다. 우리는 역사 속에서 살아야 하고 합리적으로 행동해야만 한다. 하지만 역사 그 자체는 새로운 것을 창조할 수도 없고 진정으로 현실적인 것이 될 수도 없다. 역사 속에 살면서 역사를 초월해야만 하는 이러한 태도는 인류 역사 내에서 가장 널리 펴져 있다. 어떤 힌두교 철학에는 스토아주의와 비슷한 사색이 존재한다. 스토아주의에 따르면 우주는 발생과 쇠퇴를 되풀이하고 인류 역사는 한 시대에서 다른 시대로 마지막에는 우리가 살고 있는 시대로까지 퇴락해 간다.

그러나 일반적으로 이와 같은 비역사적인 역사 해석의 유형에는 역사적인 시간의 의식이 없고 역사가 향해서 달려가는 끝의 의식도 없다. 강조점은 개인에게 있으며, 특히 인간의 곤경을 알고 있는 비교적 소수의 계몽된 개인들에게도 있다. 다른 사람들은 그들이 전생에서 행한 그들의 '업'(karma)에 대해서 정죄되어야만 하는 바리새적인 심판의 대상들이다. 그렇지 않으면 그들은 자비의 대상들로서 일부 불교에서처럼 무명의 단계(unenlightened stage)에 대해서 종교적인 요구를 적용해야만 하는 자비와 순응의 대상들이다. 어느 경우에나 이 종교들은 역사를 보편적인 인간성과 정의를 향해서 변형시키려는 어떠한 충동도 가지고 있지 않다. 역사는 시간과 영원에서 어떠한 목적도 가지고 있지 않다. 그리고 모든 차원 안에서 생명의 모호성들은 극복될 수 없다. 생명의 모호성들에 대처하는 유일한 길이 있는데, 그것은 생명의 모호성들을 초월하는 것이고 이 모호성들 속에서 이미 궁극적 일자(Ultimate One)로 되돌아 간 사람처럼 사는 것이다. 그는 현실을 바꾸는 사람이 아니라 현실에 대한 그 자신의 관여를 극복한 사람이다. 여기에는 하나님의 나라의 상징에 유비되는 상징이 없다. 그러나 자주 생명의 모든 차원 아래에서 나타나고 있는 고통의 보편성에 대한 심오한 자비가 있다. 이 요소는 서양의 역사적인 역사 해석의 영향에서는 자주 결핍되어 있는 요소이다.

현실의 모든 차원에 대한 현대과학적인 해석의 영향 아래에서, 역사 이해는 신비적인 역사해석과 관련해서만이 아니라 비극적인 해석과 관련해서도 많은 변화를 겪어왔다. 물리적인 시간이 시간의 분석을 완전히 지배하고 있기 때문에 생물학적인 시간, 심지어 역사적인 시간의 특별한 특징들이 고려될 만한 여지가 별로 존재하지 않는다. 역사는 물리적인 우주에서 일어난 일련의 사건들의 발생이 되었다. 이 발생은 인간에게는 흥미가 있었고 기록하거나 연구할 가치가 있었지만 실존 그 자체의 해석에는 특별한 공헌을 하지 못했다. 우리는 이것을 비역사적인 역사 해석의 기계적인(mechanistic) 유형이라고 부를 수 있을 것이다 (여기서 '기계적인'이란 말은 환원주의적인 자연주의를 뜻한다). 기계주의는 헬라의 고전적인 자연주의가 그러했던 것처럼 역사의 비극적인 요소를 강조하지 않는다. 이것은 과학과 기술에 의한 자연에 대한 기술적인 지배와 밀접하게 연관되어 있기 때문에 어떤 경우에는 진보적인 성격을 가지고 있다. 그러나 이것은 또한 실존 일반과 특히 역사에 대한 냉소적인 경시라는 정반대의 태도에도 열려 있다. 기계적인 역사관은 일반적으로 인간의 역사적인 실존의 위대성과 비극성에 대한 헬라적인 강조에 함께하지 않는다. 그리고 이것은 역사가 향해서 달려가고 있다고 생각되는 역사 내적인 또는 초역사적인 목적의 관점의 역사 해석에는 더욱더 함께 하지 않는다.

3. 역사의 의미의 물음에 대한 부적절한 긍정적인(positive but inadequate) 대답들

몇몇 경우에 기계적인 역사해석은 앞으로 논의될 역사의 역사적인 해석의 첫 번째 유형인 '진보주의'(progressivism)와 결부되어 있다. 여기서 '진보'(progress)는 하나의 경험적 사실 이상이다. 즉 진보는 유사종교적인 상징이 되었다. 진보의 장에서 우리는 진보 개념의 경험적인 타당성과 경험적인 한계를 논의하였다. 이제 여기서 우리는 역사의 역동성을 결정하는 보편적인 법칙으로서의 진보 개념의 사용에 대해서 고찰하려고 한다. 진보주의적인 이데올로기의 중요한 측면은 그것이 모든 창조적인 행동의 진보적인 의도를 강조하고 있다는 것과 생명의 자기창조의 영역들을 의식하고 있다는 것이다. 여기서 생명의 자기창조의 영역들은 진보가 어떤 관여된 현실에 본질적인 부분이 되고 있는 영역들(예를 들어, 기술과 같은 영역들)이다. 이런 식으로 진보의 상징은 역사적인 시간의 결정적인 요소, 즉 역사적인 시간은 어떤 목표를 향하여 앞으로 달려간다는 것을 포함하고 있다. 진보주의는 역사에 대한 진정한 역사적인 해석이다. 이것의 상징적인 힘은 역사의 한 시기에는 하나님의 나라의 상징과 같은 역사 해석의 위대한 종교적 상징들처럼 강력한 것이었다. 이것은 역사적인 행동에 충동을 주었고, 혁명에 정열을 주었으며, 다른 모든 신앙을 상실한 사람들에게 그리고 진보주의적인 신앙의 갑작스러운 붕괴가 정신적인 파국이 된 사람들에게 삶의 의미를 주었다. 간단히 말하자면, 이것은 역사 내적인 목적에도 불구하고 유사 종교적인 상징이 되었다.

우리는 진보주의의 두 가지 형태를 구별할 수 있다. 하나는 끝없는 무한한 과정으로서의 진보 자체를 믿는 것이고, 다른 하나는 예를 들어, 세 번째 단계 개념의 의미에서 성취의 궁극적인 상태를 믿는 것이다. 첫 번째 형태가 본래적인 의미의 진보주의이고, 두 번째 형태는 유토피아이다(이것은 별도의 논의가 필요하다). 진보주의, 즉 무한한 과정으로서의 진보를 믿는 것은 현대 산업사회에 대한 관념론적인 진영의 철학적인 자기이해에 의해서 양산되었다. 신칸트주의는 무한한 진보 관념의 발전에 있어서 가장 중요한 것이었다. 현실은 인간의 문화적인 활동의 결코 완성되지 않는 창조이다. 이 창조 배후에 존재하는 "실재 자체"라는 것은 있을 수 없다. 헤겔의 변증법적인 과정은 그 구조 속에 무한한 진보의 요소를 가지고 있다. 그리고 이 무한한 진보의 요소는 미래에 대한(심지어 하나님 안에서도) 무한한 개방성을 요구하는(베르그송이 강하게 강조한 것처럼) 부정의 운동력이다. 헤겔이 그의 철학과 함께 변증법적 운동을 중단했다는 사실은 그의 철학원리에는 우연한 것이었다. 그리고 이 사실은 그가 19세기의 진보주의에 가장 강력한 영향을 준 사람이 되는 것을 가로막지는 못했다. 콩트와 스펜서가 보여주었던 것처럼, 19세기 철학의 실증주의 진영은 진보주의를 그 자신의 용어로 받아들일 수 있었다. 그리고 이 학파는 역사의 보편적인 법칙으로서의 진보를 과학적으로 정당화하기 위해서 많은 양의 자료를 제공해 주었다. 여기서 역사의 보편적인 법칙으로서의 진보는 생명의 모든 차원에서 볼 수 있지만 오직 인간의 역사 속에서만 그 스스로가 인식되고 있다. 진보주의적인 신앙은 우리의 세기의 여러 경험들에 의해서 분쇄되었다. 오래 전에 극복되었다고 생각된 비인간성의 단계로의 세계사적인 퇴보, 진보가 발생한 영역들에서의 진보의 모호성의 출현, 끝없는 무한한 진보의 무의미성의 느낌 그리고 새로 태어난 모든 인간 존재가 또다시 선과 악을 향해서 출발하는 자유에 대한 통찰이다. 진보주의의 붕괴가 얼마나 갑자기 왔고 얼마나 철저했는지를 인지하는 것은 놀라운 일이다. 그것은 너무나 철저해서 20년 전 진보주의적인 이데올로기에 맞서서 싸웠던 많은 사람들이(나를 포함하여) 이제 와서는 이 개념의 정당한 요소를 변호해야할 필요성을 느끼고 있다.

아마도 무한한 진보의 신념에 대한 가장 날카로운 공격은 본래 같은 뿌리에서 자란 이념인 유토피아적 역사해석으로부터 제기되었다. 유토피아(utopianism)는 생명의 모호성들이 극복된 역사의 단계에 도달하는 것과 같은 특정한 목적을 가지고 있는 진보주의이다. 유토피아를 논할 때에는, 진보주의의 경우에서처럼 유토피아적인 충동을 문자적으로 해석된 유토피아의 상징, 즉 역사 발전의 "세 번째 단계"에 있음으로부터 구별하는 것이 중요하다. 유토피아적 충동은 진보주의적인 충동의 강화로부터 생겨난 것이며, 이것은 현재의 혁명적인 행동은 현실의 궁극적인 변혁, 즉 '유 토포스'(ou-topos, 어떤 장소도 없음)가 보편적인 장소가 될 역사의 단계를 가져올 것이라는 신념에 의해서 진보주의적인 충동으로부터 구별된다. 그 보편적인 장소는 지구일 것이다. 지구는 지구중심적인 세계관에서는 하늘의 영역으로부터 가장 멀리 떨어져 있는 행성이고, 태양 중심적인 세계관에서는 많은 별들 가운데 있는 하나의 별이며, 다른 별들과 똑같은 존엄성과 유한성과 내적인 무한성을 가지고 있는 행성이다. 그리고 이 장소는 또한 우주의 모든 차원들의 대표자이며 소우주인 인간일 것이다. 지구는 이 인간을 통해서 낙원에서는 단순한 잠재성이었던 것의 성취에로 전이될 것이다. 이와 같은 르네상스의 관념은 현대의 많은 형태의 세속적인 유토피아주의의 배후에 놓여 있으며, 오늘에 이르기까지 혁명적 운동들에 강한 자극을 주었다.

유토피아적 역사해석의 문제성은 20세기의 전개과정에 있어서 명백하게 폭로되었다. 확실히 유토피아적 충동의 힘과 진리는 르네상스 시대의 유토피아에 의해 예견되었던 것처럼 진보의 법칙이 타당한 모든 영역에서 엄청난 성공을 보여 주었다. 그러나 동시에 인간의 자유와 관련되어 있는 영역에서는 진보와 퇴보 사이의 완전한 모호성이 나타났다. 또한 인간의 자유와 관련된 영역들이 르네상스 시대의 유토피아주의자들과 과거 300년의 혁명운동을 이끌었던 그들의 후계

자들에 의해서 모호하지 않는 성취의 상태 속에서 직시되었다. 그러나 이런 성취의 기대들은 유한한 것을 우상숭배로 신뢰할 때마다 그에 뒤따르는 깊은 실망감으로 좌절되었다. 그러한 "실존적인 실망"의 현 시대의 역사는 냉소주의, 대중의 무관심, 지도 집단의 의식 분열, 열광주의, 독재 등의 역사가 되고 있다. 실존적인 실망은 개인적이며 사회적인 질병과 파탄을 양산하고 있다. 말하자면, 우상숭배적인 황홀경의 대가는 지불되지 않으면 안 된다. 왜냐하면 유토피아는 문자적으로 해석하면 우상숭배적이기 때문이다. 유토피아는 예비적인 어떤 것에 궁극성의 특성을 부여해 준다. 그리고 조건적인 것(미래의 역사적인 상황)을 무조건적인 것으로 만들고, 동시에 항상 현존하는 실존적인 소외와 생명과 역사의 모호성들을 무시한다. 또한 유토피아적인 역사해석을 부적절하고 위험한 것으로 만들어 버린다.

역사적인 역사해석의 부적절한 세 번째 형태는 "초월적인 유형"(transcendental type)으로 일컬어질 수 있다. 이것은 신약성서의 종말론적인 분위기와 어거스틴에 이르기까지 초대교회 속에 내포되어 있다. 이것은 루터파 정통주의에서 급진적인 형태로 나타났다. 역사는 구약성서의 준비 이후에 교회 내의 개인들을 죄와 죄책으로부터 구원하기 위해서 그리고 그들이 죽은 이후에 천상의 영역에 참여할 수 있게 하기 위해서 그리스도가 나타난 곳이다. 역사적인 행동, 특히 결정적인 정치적 영역에서의 역사적인 행동은 내외적으로 힘의 모호성으로부터 완전히 정화될 수 없다. 하나님 나라의 정의와 권력 구조의 정의 사이에는 아무런 관계도 없다. 이 두 세계는 다리 놓을 수 없는 틈에 의해서 분리되어 있다. 세속적인 유토피아와 칼빈주의적인 신정정치적 역사해석은 거부된다. 썩은 정치체계를 바꾸려는 혁명적인 시도는 하나님의 섭리 행동 속에 표현되어 있는 하나님의 의지에 모순된다. 역사가 구원적인 계시의 무대가 된 이후에는 본질적으로 새로운 것은 그곳으로부터 기대될 수 없다. 이 관념들 속에서 표현된 태도는 후기 봉건시대의 중앙유럽과 동유럽 대다수 사람들의 곤경에 대해서는 매우 적절한 것이었다. 그리고 이것은 역사의 모든 시대의 무수한 개인들의 상황에 대해서도 타당한 요소를 내포하고 있다. 신학에 있어서 이것은 세속적인 유토피아와 종교적인 유토피아의 위험을 상쇄시키는 데 필요한 중화제가 되고 있다. 그러나 이것이 역사에 대한 적절한 역사적 해석이라고 말하기에는 미흡하다. 가장 명백한 단점은 이것은 개인의 구원과 역사 집단과 우주의 변혁을 대조시키고 이로써 한 쪽을 다른 쪽으로부터 분리시킨다는 것이다. 이 잘못은 토마스 뮌처에 의해서 날카롭게 비판되었다. 뮌처는 루터의 태도를 비판하면서 대중은 영적 생활을 할 수 있는 시간과 힘이 없다는 사실을 지적했다. 이 판단은 19세기 말엽과 20세기 초기에 공업도시에 살았던 프롤레타리아들의 사회적이며 심리적인 상황에 대한 종교사회주의자들의 분석에 의해서 되풀이 되었다. 초월적인 역사해석의 또 다른 단점은 구원의 영역과 창조의 영역을 대조시킨다는 것이다. 힘 그 자체는 창조된 선이고 생명의 본질적인 구조의 한 요소이다. 만일 힘이 구원의 영역 밖에 있다면—구원이 아무리 단편적일지라도—생명 자체는 구원의 영역 밖에 있게 된다. 이러한 결과 속에서는 마니교의 초월적인 역사관의 위험성이 눈에 보인다.

끝으로, 이런 견해는 하나님의 나라의 상징을 개인들이 죽은 다음에 들어가는 정적인 초자연적인 질서로 해석한다. 반면에 성서 기자들은 하나님의 나라의 상징을 우리가 주의 기도에서 기도하고 있는 것처럼 이 땅에 도래할 역동적인 힘과 성서적 사고에 따라서 교회와 제국 모두에 강력하게 작용하고 있는 마성적인 세력들에 맞서서 투쟁하고 있는 역동적인 힘으로 이해한다. 따라서 초월적인 유형의 역사해석은 적절한 것이 아니다. 왜냐하면 이것은 문화와 자연 모두를 역사의 구원 과정으로부터 배제하기 때문이다. 이것이(루터 자신을 따라서) 자연과 가장 적극적인 관계를 가지고 있었고 또한 문화의 예술적인 인식적인 기능에 대해서 가장 큰 공헌을 했던 프로테스탄티즘의 초월적인 유형에서 발생했다는 것은 참으로 모순된 일이다. 그러나 이 모든 것은 정치, 사회윤리, 역사에 대한 루터주의의 초월적인 태도로 현대 기독교에 결정적인 영향을 끼치지 않은 채로 여전히 남아 있다.

1920년대 초기의 종교 사회주의자들이 역사적인 역사해석의 부적절성을 피하고 성서적인 예언자주의에 근거하여 해결을 시도한 것은 바로 진보주의적, 유토피아적, 초월적인 역사해석에 대한 불만(과 비역사적인 역사해석의 유형들에 대한 거부) 때문이었다. 이 시도는 하나님의 나라의 상징에 대한 재해석의 견지에서 행해졌다.

4. 역사 의미의 물음에 대한 대답으로서 "하나님의 나라"의 상징

1) "하나님의 나라"의 상징의 특징들

생명의 모호하지 않는 세 가지 상징들에 관한 장에서, 우리는 "영적 현존"의 상징과 "영원한 생명"의 상징에 대한 "하나님의 나라"의 상징의 관계에 대해서 논의하였다. 우리는 이들 하나하나가 다른 두 상징들을 포함하고 있지만 상징적 재료의 차이 때문에 영적 현존을 인간의 정신과 그의 기능들의 모호성에 대한 대답으로 사용하고, 하나님의 나라를 역사의 모호성에 대한 대답으로 사용하며 영원한 생명을 보편적인 생명의 모호성에 대한 대답으로 사용하는 것이 정당하다는 것을 지적하였다. 그럼에도 하나님 나라의 상징의 의미는 다른 두 상징의 것보다 더 포괄적인 것이다. 이것은 하나님 나라의 이중적인 성격의 결과이다. 하나님의 나라는 역사 내적인(inner-historical) 측면과 역사 초월적인(transhistorical) 측면을 가지고 있다. 역사 내적인 것으로서의 하나님 나라는 역사의 역동성에 참여하고, 역사 초월적인 것으로서의 하나님 나라는 역사의 역동성의 모호성이 지니고 있는 물음에 대해서 대답을 제시해 준다. 전자의 특성에 있어서 하나님 나라는 영적 현존을 통해서 나타나는 반면에 후자의 특성에 있어서 하나님의 나라는 영원한 생명과 동일한 것이다. 하나님 나라의 이와 같은 이중적인 특성은 하나님의 나라를 기독교 사상의 가장 중요하면서도 가장 어려운 상징으로 만들고 있고, 더욱이 정치적인 절대주의와 교회적인 절대주의 모두에게 가장 비판적인 상징으로 만들고 있다. 이것은 너무나 비판적이었기 때문에 기독교의 교회적인 발전이나 동방과 서방의 가톨릭 교회들의 성례전적인 강조는 이 상징을 옆으로 밀쳐내 버렸다. 그리고 오늘날에는 사회복음주의 운동과 일부 종교사회주의가 이것을 사용한 이후에(그리고 부분적인 세속화 이후에) 하나님의 나라의 상징은 또다시 힘을 잃어 버렸다. 예수의 설교가 "하나님의 나라가 가까이 왔다"는 메시지로 시작했고 기독교가 주의 기도에서 그의 도래를 기도하고 있다는 사실에서 볼 때 이것은 놀랄만한 일이다.

　살아 있는 상징으로서의 하나님 나라의 복귀는 기독교와 아시아 종교들의 만남, 특히 불교와의 만남에서 올 수 있을 것 같다. 비록 인도 태생의 위대한 종교들이 모든 종교를 그들의 자기 초월적인 보편성의 부분적인 진리로서 수용할 수 있다고 주장할지라도, 이 종교들이 본래적인 의미의 하나님 나라의 상징을 수용한다는 것은 불가능해 보인다. 인격적이며 사회적이고 정치적인 영역들에서 취해진 하나님 나라의 상징의 재료는 불교의 근본적인 경험에서는 철저하게 초월되지만 기독교의 경험에서는 결코 잃어버릴 수 없는 본질적인 요소이다. 동양과 서양의 문화와 종교에 있어서의 이러한 차이는 세계 사적인 결과를 가져왔다. 그리고 기독교에 있어서는 "하나님 나라"의 상징만큼이나 명백하게 이 모든 차이의 궁극적인 근원을 가리키는 상징도 없는 것처럼 보인다. 특히, 이것은 하나님의 나라의 상징이 열반(Nirvana)의 상징과 대조될 때 더욱 그렇다.

하나님의 나라의 첫 번째 의미는 정치적인 의미이다. 이것은 역사의 역동성에 있어서의 정치적인 영역의 우월성과 일치하는 것이다. 하나님의 나라 상징의 구약성서의 전개에 있어서, 하나님의 나라는 하나님이 통치하시는 영역이라기보다는 하나님께 속해 있으며 하나님이 적들에게 승리하신 후에 발휘하시는 통치력 자체를 의미한다. 그러나 영역으로서의 나라는 전면에 나와 있지 않지만 그것이 전혀 없는 것은 아니다. 이것은 시온산, 이스라엘, 나라들, 또는 우주와 동일시되고 있다. 후기 유대교와 신약성서에서는 하나님의 통치 영역이 더욱 중요한 것이 되었다. 이것은 변혁된 하늘과 땅이며, 역사의 새로운 시대에 나타난 새로운 현실이다. 그리고 하나님이 모든 것에 모든 것 되시는 새로운 창조에 의해서 옛것이 다시 태어난 결과이다. 정치적인 상징은 그것의 정치적인 의미를 잃어버리는 일 없이 우주적인 상징으로 변형되었다. 이 상징에서 그리고 하나님의 존엄을 나타내는 다른 많은 상징들에서 '왕'이란 말은 민주주의의 정치제도처럼 다른 형태의 정치제도가 반발하지 않으면 안 되는 특별한 형태의 정치 제도를 상징적 재료 안으로 도입하지는 않는다. 왜냐하면 '왕'은(다른 형태의 통치와는 대조적으로) 초기에서부터 정치적인 통치의 가장 높고 가장 신성한 중심을 나타내는 상징이었기 때문이다. 그러므로 이것을 하나님에게 적용하는 것은 일반적으로 이해되고 있는 이중적인 상징화(double symbolization)이다.

하나님의 나라의 두 번째 특징은 사회적인 특징이다. 이것은 평화와 정의의 관념을 포함한다. 이 관념은 정치적인 특징과 대립하지 않으며, 따라서 힘과 대립하지 않는다. 이런 식으로 하나님의 나라는 평화와 정의의 영역의 유토피아적인 기대를 성취해 주는 반면에 '하나님의'(of God)라는 말을 덧붙임으로써 평화와 정의의 관념들을 그들의 유토피아적인 성격으로부터 해방시켜 준다. 왜냐하면 이것을 덧붙임으로써 지상에서의 성취가 불가능하다는 것이 암암리에 인정되고 있기 때문이다. 그렇다고 해도 이 상징의 사회적인 요소는 당위의 거룩이 없다면, 즉 정의의 무조건적인 도덕적 명령이 없다면 거룩도 있을 수 없다는 것을 영원히 상기시켜 준다.

하나님의 나라 안에 포함되어 있는 세 번째 요소는 인격주의적인 요소이다. 궁극적인 동일성에게로 되돌아가는 것이 실존의 목표인 상징들과는 대조적으로 하나님의 나라는 개별적인 인격에게 영원한 의미를 부여해 주고 있다. 역사가 지향해 나가는 초역사적인 목표는 모든 개별적인 인간의 인간성 소멸이 아니라 성취이다.

하나님의 나라의 네 번째 특징은 그것의 보편성이다. 하나님의 나라는 인간들만의 나라가 아니다. 이 나라는 모든 차원의 생명의 성취를 포함한다. 이것은 생명의 다차원적인 통일성과 일치하는 것이다. 즉, 한 차원의 성취는 다른 모든 차원의 성취를 포함한다. 이것이 개인적이고 사회적인 요소가 비록 부정되지는 않지만 초월되고 있는 "하나님의 나라"의 상징의 특징이다. 바울은 이것을 "하나님은 모든 것의 모든 것이 되신다"는 상징과 역사의 역동성이 그 목적을 성취하였을 때 "그리스도가 역사에 대한 통치를 하나님에게 돌린다"는 상징을 통해서 표현해 주었다.

2) "하나님의 나라"의 상징의 내재적인(immanent) 요소와 초월적인 (transcendent) 요소

하나님 나라의 상징이 역사의 의미의 물음에 대한 긍정적이고 적절한 대답이 되기 위해서는 내재적인 동시에 초월적인 것이 되지 않으면 안 된다. 어느 쪽이든지 한 쪽만의 해석은 하나님의 나라의 상징으로부터 그 힘을 빼앗아 간다. 역사의 의미의 물음에 대한 부적절한 대답들에 관한 부분에서, 우리는 유토피아적인 해석과 초월적인 해석

에 대해서 논의했고 그에 대한 예들을 개신교 전통으로부터 이끌어 왔다. 이것은 단순히 하나님 나라라는 상징을 사용한다고 해서 적절한 대답을 보증해 주지 않는다는 것을 말한다. 비록 개신교의 역사가 이 대답의 모든 요소들을 제시해줄지라도, 동일한 역사는 이 요소들 각자에게 억압될 수 있으며 상징의 의미도 왜곡될 수 있음을 보여주고 있다. 그러므로 하나님 나라의 관념의 기본적인 발달에 있어서 이 요소들의 등장 과정을 지적하는 것은 매우 중요한 일이 아닐 수 없다.

예언서는 내재적이며 역사적이고 정치적인 측면을 강조하고 있다. 이스라엘의 운명은 야훼의 성격과 행동에 대한 예언자적 이해를 위한 계시적인 매개체이며, 이스라엘의 미래는 하나님이 적들과의 싸움에서 승리하는 과정으로서 이해되고 있다. 시온산은 모든 민족의 종교적 중심이 될 것이다. 그리고 "야훼의 날"은 무엇보다도 심판의 날이지만 또한 역사적이며 정치적인 의미에서 성취의 날이기도 하다. 그러나 이것이 전부는 아니다. 심판과 성취에 대한 환상은 거의 역사 내적인 또는 내재적이라고 부를 수 없는 요소를 포함하고 있다. 이스라엘에 비해서 숫자와 힘에 있어서 무한히 우월한 적들과의 싸움에서 승리하시는 분은 야훼이시다. 지리적으로는 보잘것 없음에도 모든 민족들이 예배하기 위해서 찾아오는 곳은 하나님의 거룩한 산이다. 참된 하나님, 즉 정의의 하나님이 부분적으로는 정치적이고, 부분적으로는 마성적인 세력들의 중심을 정복하신다. 새로운 시대를 가져오실 메시아는 초인간적인 특성을 지닌 인간이다. 민족들 사이의 평화는 자연을 포함한다. 그래서 가장 적대적인 관계 속에 있는 동물들도 서로 곁에서 평화롭게 살 것이다. 하나님 나라의 관념에 대한 지배적이고 내재적이며 정치적인 해석 안에 있는 초월적인 요소는 그것의 이중적인 성격을 지시해 준다. 하나님 나라는 역사내재적인 발전만으로는 이루어질 수 없다. 로마시대의 유대교의 정치적인 봉기에서는 예언자적인 기대의 이중적인 성격이 거의 잊어지고 있었다. 이것은 이스라엘의 민족적인 기대의 완전한 파괴를 가져왔다.

　이와 같은 경험은 로마시대보다 훨씬 오래 전부터 하나님의 나라 관념의 내재적이고 정치적인 측면으로부터 초월적이며 보편적인 측면으로의 강조점의 변화를 가져왔다. 이것은 구약성서 뒷부분의 몇몇 선구자들과 더불어서 소위 성서 중간시대의 묵시문학에 있어서 가장 감명 깊은 것이었다. 역사적인 시야는 확대되었고 우주적인 비전에 의해서 대체되었다. 땅은 낡은 것이 되었고 마성적인 세력들이 그것을 소유하게 되었다. 전쟁과 질병과 우주적인 성격을 지닌 자연의 대재앙이, 하나님이 결국 모든 민족들의 지배자가 되고 예언자적인 희망이 성취되는 때인 새로운 시대와 만물의 재생 이전에 일어날 것이다. 이것은 역사적인 발전에 의해서 발생하지 않고, 새 하늘과 새 땅으로 인도하는 하나님의 개입과 새로운 창조에 의해서 발생할 것이다. 이와 같은 환상은 모든 역사적인 상황으로부터 독립되어 있고, 어떠한 인간적 활동에 의해서도 규정되지 않는다. 하나님의 중재자는 더 이상 역사적인 메시야가 아니라, 인자(the Son of Man)이며 하늘의 사람(the Heavenly Man)이다. 이러한 역사해석이 신약성서에서는 결정적이었다. 로마제국 내에서의 역사 내재적인 정치적인 목적은 도달될 수 없었다. 로마제국은 그것의 선의 요소들에 따라서 수용되어야만 했고(바울), 그리고 마성적인 구조 때문에 하나님에 의해서 파괴될 것이다(요한계시록). 분명히 로마제국은 역사내재적인 진보주의나 유토피아주의로부터 멀리 떨어져 있다. 그럼에도 여기에는 내재적이고 정치적인 요소가 없는 것은 아니다. 로마제국에 대한 언급은(때때로 로마제국은 일련의 제국들 중에서 제일 마지막의 제국, 가장 위대한 제국으로 간주된다) 마성적인 세력들이 단순한 상상이 아니라는 것을 보여준다. 이것은 그것이 생각되었던 시대의 역사적인 세력들과 연관되어 있다. 그리고 우주적인 대재앙은 민족들의 세계 내에서 일어난 역사적인 사건들을 포함하고 있다. 인류 역사의 제일 마지막 단계는 역사내재적인 색깔로 묘사되고 있다. 또다시 그 이후의 시대의 사람들은 그들의 역사적인 실존이 묵시문학의 신화적 상상 속에서 묘사되었다는 것을 깨달았다. 신약성서는 이와 같은 환상에 새로운 요소를 덧붙여 주고 있다. 그것은 그리스도 예수의 역사내재적인 출현과 역사의 모호성의 한 가운데에서의 교회의 설립이다. 이 모든 것은 "하나님의 나라"의 상징의 초월성의 강조가(마치 내재적인 요소의 우월성이 초월적인 상징주의를 배제하지 않는 것처럼) 결정적으로 중요한 역사내재적인 특징을 배제하는 것이 아니라는 것을 보여준다.

이와 같은 고찰이 시사하는 바는 "하나님의 나라"의 상징은 내재적인 측면과 초월적인 측면 모두를(비록 어느 한 쪽이 일반적으로 우세할지라도) 나타내 주는 힘을 가지고 있다는 것이다. 우리는 이것을 염두에 두고 역사내재적이며 동시에 역사초월적인 하나님의 나라의 실재를 이 책의 남은 부분에서 논의할 것이다.

제2장 역사 속의 하나님의 나라

I. 역사의 역동성과 새로운 존재

1. "구원사"의 관념

"인류 역사에 나타난 영적 현존"의 장(제4부 2장 II 참조)에서, 우리는 성령의 교리를 인간의 역사적인 실존과 연관시켰지만 역사적인 차원 자체를 고찰하지는 않았다. 영적 현존과 인간 정신과의 관계를 논의할 때, 우리는 역사를 괄호 속에 넣었다. 그것은 역사가 인간의 정신적인 삶의 매 순간마다 효과적으로 작용하지 않았기 때문이 아니라 단지 다른 관점들이 연속적으로 다루어졌기 때문이다. 이제 우리는 영적 현존과 그의 현현을 역사의 역동성에 대한 참여의 관점에서 다루어야만 한다.

신학은 이 문제를 "Heilsgeschichte" (구원사 - history of salvation)라는 용어로 말해 왔다. 이 용어는 많은 미해결의 문제를 내포하고 있기 때문에, 신중한 조건을 붙여 이 용어를 잠정적으로 사용하려고 한다. 첫 번째 문제는 구원사와 계시의 역사의 관계에 대한 것이다.

이에 대한 기본적인 대답은 이미 제시되었다(제1부 2장 II 참조). 계시가 있는 곳에 구원이 있다! 이 명제를 뒤집으면 우리는 다음과 같이 말할 수 있다. 구원이 있는 곳에 계시가 있다. 구원은 계시를 포괄하고, 존재 근거의 구원적인 현현 속에서 나타나고 있는 진리의 요소를 강조하고 있다. 그러므로 우리가 보편적인 계시(일반적인 계시가 아니라)에 대해서 말할 때마다, 우리는 암암리에 보편적인 구원에 대해서 말해 왔다. 두 번째 문제는 인간 창조의 결과로서 역사와 구원의 역사 사이의 관계에 대한 것이다. 이들은 동일하지 않다. 이들을 동일시한 것은 고전적인 관념론의 잘못이며, 자주 진보주의적인 역사 해석과 결합되어 있었던 자유주의 신학의 잘못이기도 하다. 역사적인 차원을 포함하여 생명의 모든 차원의 모호성들 때문에 세계의 역사와 구원의 역사를 동일시하는 것은 불가능하다. 구원은 생명의 모든 차원의 모호성들의 극복이다. 즉, 구원은 이 모호성들과 반대되는 것으로서 이것들이 작용하고 있는 영역들과 동일시될 수 없다. 후에 우리는 구원의 역사는 종교의 역사와 동일하지 않다는 것, 심지어 비록 교회가 하나님 나라를 대표할지라도 교회의 역사와 동일하지 않다는 것을 살펴볼 것이다. 구원하는 힘은 역사를 꿰뚫고 들어오고 또 역사를 통해서 작용하지만 역사에 의해서 창조되지는 않는다.

그러므로 세 번째 문제는 다음과 같은 것이다. 구원사는 어떻게 세계사에 나타나는가? 계시적인 경험에 대해서 서술할 때(제1부 2장 "계시의 실재" 참조, "계시의 실재"에서 말한 것은 이 부분의 생각들을 선취한 것이다), 영적 현존의 현현은 그것의 인식적인 요소와 관련하여 기술되었다. 그리고 개인과 공동체에 대한 영적 현존의 영향을 다룬 장에서는(제4부 3장 참조), 구원하는 힘의 현현이 총체적으로 기술되었다. 그러나 우리는 이 현현들의 역사적인 차원에 대해서는 논의하지 않았고, 또한 이 현현들의 역동성과 세계사의 역동성의 관계에 대해서도 논의하지 않았다.

만일 '구원사'라는 용어가 정당하다면, 이 용어는 구원의 힘이 역사적인 과정에 돌입하고, 이 과정들에 의해서 구원의 힘이 받아들여지도록 준비되고, 구원의 힘이 역사 속에서 작용할 수 있도록 그 과정들을 변화시키는 일련의 사건들을 지시하지 않으면 안 된다. 이런 점에서 볼 때 구원사는 세계사의 일부이다. 이것은 측정된 시간, 역사적인 인과성, 특정한 공간, 구체적인 상황의 견지에서 정의될 수 있다. 이것은 세속적인 역사 편찬의 대상으로서 역사적인 연구 방법의 엄격한 적용에 의해서 검증되어야 한다. 동시에 이것은 역사 안에 있을지라도 역사로부터 오지 않는 어떤 것을 나타내 준다. 이 때문에 구원사는 거룩한 역사라고 일컬어져 왔다. 이것은 같은 사건들 속에서 거룩하기도 하고 세속적이기도 하다. 그 속에서 역사는 자기초월적인 성격, 즉 궁극적인 성취를 향한 노력을 나타낸다. 구원사를 "초역사적"(suprahistorical)이라고 불러야하는 이유는 없다. "supra"라는 접두사는 하나님의 활동이 세계사와는 관계 없이 발생하는 보다 높은 단계의 현실을 지시한다. 이런 식으로 역사 속에 나타나는 궁극적인 역설은 세계사를 구원사로부터 분리시키는 초자연주의에 의해서 대체되고 있다. 그러나 이 둘이 분리된다 어떻게 초자연적인 사건들이 세계사의 과정들 속에서 구원의 힘이 될 수 있는가는 이해될 수 없을 것이다.

"구원사"라는 용어가 나타내는 이와 같은 오해들 때문에, 이 용어 사용을 피하고 역사 속에 나타난 하나님의 나라에 대해서 말하는 것이 보다 바람직할 것이다. 물론, 하나님의 나라가 나타난 곳에는 계시와 구원이 있다. 그러나 다음과 같은 문제는 여전히 남는다. 하나님 나라의 나타남에는 리듬이(일종의 진보 또는 상승과 하강 또는 이 구조들의 반복과 같은 리듬이) 있는가? 그렇지 않으면 리듬이 완전히 없는가? 이 문제는 일반적인 말로는 대답될 수 없다. 이에 대한 대답은 종교집단의 구체적이고 계시적인 경험의 표현일 수밖에 없다. 따라서 그 대답은 물음이 제기되는 신학체계의 성격에 의해서 결정될 수밖에 없다. 다음의 대답은 기독교 상징주의와 나사렛 예수가 그리스도요 역사에 나타난 궁극적인 현현이라는 기독교의 중심적인 주장에 토대를 두고 있는 대답이다.

2. 역사 속에 나타난 하나님의 나라의 중심적인 현현

역사 속에 나타난 하나님의 나라의 리듬이 무엇이든지 기독교는 그 자신이 하나님의 나라의 중심적인 현현에 근거하고 있다고 주장한다. 따라서 기독교는 그리스도 예수의 출현을 역사의 중심으로 생각한다. 이 용어는 만일 역사가 자기초월적인 성격 속에서 이해된다면 가능한 것이다. "역사의 중심"(center of history)이라는 용어는 무한한 과거와 무한한 미래 사이의 중간으로 이해될 때처럼 양적인 측정과는 아무런 관계가 없다. 또한 이 용어는 문화적 과정이 어떤 지점, 즉 과거의 노선들이 통일되고 미래가 결정되는 지점에 도달했던 역사적인 순간을 묘사해주지도 않는다. 역사에는 그러한 지점이 없다. 그리고 역사의 중심과 문화의 관계에 대해서 말할 때 타당한 것은 역사의 중심과 종교의 관계에 대해서 말할 때도 타당한 것이다. '중심'이라는 은유는 이전과 이후의 모든 것이 준비인 동시에 수용이 되는 역사의 한 순간을 나타내 준다. 중심은 그 자체가 역사 안에 있는 구원의 힘의 규범인 동시에 원천이다. 현재의 신학체계의 제3부와 제4부는 이와 같은 주장들의 완전한 전개를 포함하고 있다. 하지만 이들은 역사적인 차원을 고려하지 않았다.

만일 우리가 그리스도의 출현을 역사의 중심으로 부른다면, 하나님의 나라의 나타남이 각각 상대적인 타당성과 힘을 가지고 있는 비일관적인 나타남이 아니라는 것을 시사하는 것이다. 바로 '중심'이라는 말 속에는 상대주의에 대한 비판이 표현되어 있다. 신앙은 그것이 모든 계시사건들의 기준이 되는 사건에 의존한다는 것을 담대하게 주장한다. 신앙은 이러한 비범한 주장을 감히 할 수 있는 용기를 가지고 있다. 그리고 신앙은 잘못의 위험을 무릅쓴다. 그러나 이런 용기와 위험이 없다면 그것은 신앙일 수 없을 것이다. "역사의 중심"이라는 용어는 또한 역사에 나타난 하나님의 나라에 관한 모든 형태의 진보주의적인 견해에 대한 비판도 포함한다. 분명하게도 역사의 중심을 넘어서는 진보는 있을 수 없다(진보가 본질적인 부분이 되고 있는 영역을 제외한다면). 중심을 뒤따르는 모든 것은 그 기준 아래에 있으며 그 힘에 참여하고 있다. 또한 중심의 나타남은 앞에서 "역사적인 진보: 현실과 한계"(제5부 I, 3, 63 이하)라는 부제 아래에서 논의했던 것처럼 진보적인 발전의 결과도 아니다.

계시와 구원의 예비적인 역사의 유일한 진보적인 요소는 미성숙에서 성숙에로의 운동이다. 인류는 역사의 중심이 나타나고 이 역사의 중심이 중심으로서 받아들여지는 지점에까지 성숙해야만 했다. 이 성숙 과정은 모든 역사에서 활동하고 있다. 그러나 '그'에게서 궁극적인 계시가 발생하는 것을 준비하기 위해서는 특수한 발전이 필요했다. 이것이 구약성서가 지닌 발전의 기능이다. 구약성서에 나타난 하나님의 나라는 그리스도에 나타난 하나님의 나라의 궁극적인 현현을 위한 직접적인 전제조건을 만들어 주었다. 마침내 성숙이 도달되었다. 즉, 때가 찼다. 이것은 기원적인 계시와 역사의 구원적인 범위 속에서 단 한번 발생했다. 하지만 그것은 중심이 중심으로서 받아들여지는 곳마다 또다시 발생했다. 종교의 역사의 넓은 기반과 이 넓은 기반에 대한 예언자적인 비판과 변혁이라는 좁은 기반이 없다면, 이 중심을 수용할 수 있는 가능성은 있을 수 없다. 그러므로 기독교 문화 안팎의 선교활동은 모든 종교와 문화를 일깨우고 있고 또 일깨울 수 있는 종교의식을 사용하지 않으면 안 된다. 그리고 기독교 문화 안팎의 모든 선교활동은 구약성서의 종교의식에 대한 예언자적인 정화를 뒤따라야만 한다. 구약성서가 없으면, 기독교는 유대교를 포함한 보편적인 종교사의 미숙함으로 떨어지게 된다(유대교는 구약성서의 예언자들의 비판과 정화의 주요 대상이었다). 그러므로 역사에 나타난 하나님 나라의 중심적인 현현을 향한 성숙과 준비 과정은 그리스도 이전의 시기에만 제한되지 않는다. 즉, 그것은 중심의 출현 이후에도 계속되고 있고, 지금 여기서도 진행되고 있다. 이스라엘이 애굽을 탈출했다는 주제는 중심을 향한 성숙의 주제이다. 그리고 이것은 오늘날 일본에서 동서양의 만남의 주제이고, 또한 지난 오백년간 근대 서양문화의 발전 주제였으며 오늘날도 여전히 주제이다. 이것은 성서적이고, 신학적인 언어 속에서 모든 시대 속에 나타난 그리스도의 초월적인 현존의 상징으로 표현되어 왔다.

 역으로, 역사 속에 나타난 하나님 나라의 중심적인 현현을 수용하는 과정은 언제나 존재한다. 물론, 중심을 위한 준비의 기원적인 역사, 즉 시간과 공간에서의 중심의 출현을 향해 나아가는 기원적인 역사가 있는 것처럼 중심을 받아들이는 수용의 기원적인 역사, 즉 시간과 공간에서 중심의 출현으로부터 파생되는 기원적인 역사가 있다. 이것이 교회의 역사이다. 그러나 교회는 단지 과거에 발생한 것을 받아들임으로써만 존재하지 않는다. 교회는 또한 미래에 발생할 것을 선취함으로써 잠재적으로도 존재한다. 잠재적인 교회는 선취에 의해서 역사의 중심으로서 올 것에 의존하고 있다. 이것이 미래를 선포한다는 뜻에서의 '예언'의 의미이다. 그리고 이것이 그리스도의 선재를 지시하고 있는 제4복음서의 구절들과 같은 구절들의 의미이다. 이 구절들은 역사의 모든 시대에 나타나고 있는 중심의 잠재적인 현존을 상징하고 있다.

 "역사의 중심"이라는 용어의 의미 입장에서 보면, 우리는 인간의 역사는 역사의 자기초월 관점에서 보면 앞을 향해 달려가는 역동적인 운동일 뿐만 아니라 한 지점이 중심이 되고 있는 중심화된 전체이기도 하다고 말할 수 있다.

  중심이 있는 곳에서는, 중심이 있는 운동의 시작과 끝의 문제가 제기된다. 우리는 여기서 역사적인 과정 자체의 시작과 끝에 대해서 말할 수는 없다. 그것은 역사 이전과 역사 이후에 관한 장에서 논의하였다. 여기서의 문제는 다음과 같은 것이다: 그리스도의 출현이 중심이 되는 저 운동은 언제 시작되었는가? 그리고 그것은 언제 끝날 것인가? 물론, 이에 대한 대답은 숫자의 견지에서는 주어질 수 없다. 대답이 숫자적으로 행해졌을 때에는, 그것은 언제든지 끝과 관련해서는 역사 자체에 의해서, 시작과 관련해서는 역사적인 지식에 의해서 반박되었다. 임박한 종말에 관한 모든 계산은 계산된 날짜에 도달되었을 때 무효화되었다. 그리고 (성서의 기록을 포함하여) 역사적인 시간의 시작에 대한 모든 기록은 지구상에서의 인류 기원에 대한 우리의 지식에 의해서 무한히 증가되었다. 역사의 중심과 관련된 시작과 끝은 오직 역사에 나타난 하나님 나라의 출현의 시작과 끝만을 의미할 수 있다. 그리고 이 물음에 대한 대답은 중심 자체의 성격에 의해서만 결정될 수 있다. 역사, 즉 계시와 구원의 역사는 인간이 그의 소외된 곤경의 궁극적인 물음을 의식하고 그 곤경을 극복하려는 자신의 운명을 의식하는 순간에 시작된다. 이에 대한 대답들은 인간이 기록한 가장 오래된 신화나 제의 속에 표현되어 있다. 그러나 특정한 순간과 인물과 집단을 표시할 수 있는 가능성은 있을 수 없다. 역사의 끝은(우리가 그것의 시작에 대해서 말했던 것과 같은 의미에서) 인류가 그의 곤경에 대한 물음을 묻기를 그만두는 순간에 온다. 이것은 우주적 또는 인간적으로 야기된 파괴로 인류 역사의 외적인 소멸에 의해서 발생할 수도 있다. 또한 이것은 정신의 차원을 전멸시키는 생물학적이고 심리학적인 변형에 의해서 발생할 수 있고, 인간에게서 그의 자유를 박탈하고 따라서 역사를 가질 수 있는 가능성을 박탈하는 정신의 차원의 내적인 타락에 의해서도 발생할 수 있다.

기독교가 기초하고 있는 사건이 계시와 구원의 역사의 중심이라는 것을 주장할 때, 기독교는 다른 중심적인 사건에 대해서 똑같은 주장하는 다른 역사 해석이 있다는 것을 간과할 수 없다. 왜냐하면 역사의 중심의 선택은 역사가 진지하게 다루어지는 곳에서는 어디에서든지 보편적이기 때문이다. 민족적인 역사 해석의 중심은(자주 제국적인 의미에서) 그것이 현실적인 사건이든 아니면 전설적인 전승이든 간에 민족의 소명 의식이 발생한 순간이다. 이스라엘의 출애굽, 로마의 도시 건설, 아메리카의 혁명 전쟁은 이와 같은 특수한 역사들의 중심이다. 이 중심들은 유대교에서처럼 보편적인 중요성으로까지 높여질 수 있고, 로마제국에서처럼 제국적인 열망의 동기가 될 수도 있다. 이것은 기독교와 유대교에 대해서만 타당할 뿐만 아니라 이슬람교, 불교, 조로아스터교, 마니교에 대해서 말할 때도 마찬가지이다. 이들이 지니고 있는 정치적인 역사와 종교적인 역사의 유사성으로 인해서 다음과 같은 물음은 회피될 수 없다.

기독교는 그것이 시간과 공간에 뿌리를 두고 있으면서 동시에 역사에 나타난 하나님 나라의 보편적인 중심이라는 주장을 어떻게 정당화할 수 있는가? 첫 번째 대답은 이미 언급된 것으로서 실증주의적인 것이다. 즉, 기독교의 주장은 기독교 신앙의 담대한 용기의 표현이다. 그러나 이것은 그리스도 예수를 신적인 로고스의 중심적인 현현으로 받아들이고 있는 신학에 있어서는 불충분한 것이다. 기독교의 주장은 신앙에 덧붙여지는 주장으로서의 로고스가 아니라 로고스에 의해서 결정된 신앙의 설명을 갖지 않으면 안 된다. 기독교는 역사적인 시간이나 역사적인 역동성의 모호성들 속에 내포되어 있는 물음들이 역사의 다른 중심들에서는 대답되지 않았다는 것을 말함으로써 그러한 설명을 수행하고 있다. 정치적으로 결정된 역사의 중심을 선택할 때 선택의 기준이 되는 원리는 특수한 것이고, 아무리 그것이 제국주의적으로 보편적인 것이 되려고 시도할지라도 그의 특수성을 잃어버릴 수 없다. 이것은 비록 유대교가 예언자적인 자기비판 속에 보편주의적인 요소를 가지고 있음에도 유대교에 대해서 말할 때도 타당한 것이다.

유대교의 예언자적 묵시적 기대는 기대에 머물고 있고 기독교에서처럼 역사 내적인 성취에 이르지 못했다. 그렇기 때문에 출애굽 이후 역사의 어떠한 새로운 중심도 나타나지 않았고 미래적 중심은 중심이 아니라 끝이었다. 이 부분에서 유대교와 기독교의 역사 해석 사이에 다리놓을 수 없는 근본적인 틈이 나타난다. 현실적인 기독교에 나타난 하나님 나라의 모든 가능한 마성화와 성례전적인 왜곡에도 불구하고 '이미' 나타났다는 중심에 관한 메시지는 기독교가 또 하나의 예비적인 율법종교가 되지 않으려면 이 메시지는 보존되어야 한다. 이슬람(수니파를 제외하고서)은 율법종교이고, 그와 같은 종교로서 성숙을 향한 교육적 진보의 위대한 기능을 가지고 있다. 그러나 교육적인 성숙은 궁극적인 것과의 관계 속에서는 모호한 것이다. 율법을 돌파하는 것은 개인의 종교생활과 집단의 종교생활에서도 똑같이 가장 어려운 것이다. 그러므로 초기 기독교의 유대교와 기독교 후기 시대의 이슬람은 그리스도로서의 또는 역사의 중심으로서의 예수의 수용에 대항하는 가장 큰 장애물이었다. 그러나 이 종교들 자체는 또 하나의 중심을 줄 수 없었고 지금도 마찬가지이다. 예언자로서의 모하메드의 출현은 역사가 그 속에서 보편적으로 타당한 의미를 수용할 수 있는 사건을 구성할 수 없다. 또한 역사의 보편적인 중심은 예언자들이 해석했던 의미에서처럼 '지금', '선택된' 민족의 건립에 의해서도 만들어질 수 없다. 그렇게 될 수밖에 없는 것은 그것의 보편성은 아직 그것의 특수성으로부터 해방되지 않았기 때문이다. 우리는 앞에서 이미 비역사적인 역사 해석에 대해서 논의했기 때문에 같은 맥락에서 불교에 대해 많은 것을 말할 필요가 없을 것이다. 불교에서는 부처가 이전과 이후 사이의 경계선이 아니다. 그는 이미 발생했고 또 언제든지 발생할 수 있는 깨달음의 영(the Spirit of Illumination)의 구현의 결정적인 예이다. 하지만 그는 그에게로 나아가고 그리고 그에게서 나오는 역사적인 운동의 관점에서는 이해되지 않는다. 이러한 개관이 시사하는 바는 계시와 구원 역사의 보편적인 중심이 보여질 수 있는 유일한 역사적 사건은 (담대한 신앙에 있어서도 그리고 이 신앙의 합리적인 해석에 있어서도) 기독교가 근거하고 있는 사건이라는 것이다. 이 사건은 하나님의 나라의 현현 역사의 중심일 뿐만 아니라 또한 역사적인 차원이 완전히 그리고 보편적으로 긍정되고 있는 유일한 사건이기도 하다. 그리스도 예수의 출현은 역사가 그 속에서 예수의 출현과 그 출현의 의미를 의식하고 있는 역사적인 사건이다. 이것이 '주장될 수 있는' 다른 사건은 (경험적인 연구방법에 있어서도, 상대주의적인 연구방법에 있어서도) 존재하지 않는다. 그러나 "현실적인" 주장은 담대한 신앙의 문제이고 여전히 담대한 신앙의 문제로 남을 것이다.

3. "카이로스"와 "카이로이"

우리는 구체적인 상황에서 역사가 하나님 나라의 중심적인 현현의 돌파를 수용할 수 있는 지점에까지 성숙했던 순간에 대해서 말했다. 신약성서는 이 순간을 시간의 성취(fulfilment of time), 헬라어로는 '카이로스'(kairos)라고 불렀다. 이 용어는, 우리가 제1차 세계대전 후 독일의 종교사회주의 운동과 관련하여 이 용어를 신학적인 철학적인 논쟁에 도입한 이후로 빈번하게 사용되었다. 이 용어는 기독교 신학에게 구약성서의 기자뿐만 아니라 신약성서의 기자까지도 역사의 자기초월적인 역동성을 의식하고 있었다는 사실을 상기시켜 주기 위해서 선택되었다. 또한 이 용어는 철학에게 철학이 역사를 다룰 때 논리적이며 범주적인 구조의 입장에서 뿐만 아니라 역동성의 견지에서도 역사를 다루어야만 한다는 필요성을 상기시켜 주기 위해서 선택되었다. 그리고 무엇보다도 카이로스는 역사와 삶의 의미에 대한 새로운 이해를 잉태한 역사의 순간이 나타났다는 제1차 세계대전 이후 중부 유럽 사람들의 느낌을 표현하지 않으면 안 되었다. 이 느낌이 경험적으로 확인되었든 아니든 간에(이것은 부분적으로 확인되었고, 부분적으로는 확인되지 않았다), 이 개념 자체는 오늘날 중요한 의미를 지니고 있으며, 조직신학 전체와 연관되어 있다.

카이로스의 본래 의미(올바른 때-무엇인가가 행해질 수 있는 때)는 '크로노스'(chronos-측정된 시간 또는 시계의 시간)와 대조되지 않으면 안 된다. 전자는 질적인 것이고 후자는 양적인 것이다. 영어에서 '때'(timing)에는 시간의 질적인 성격이 표현되고 있다. 만일 우리가 하나님의 섭리적 활동의 '때'를 말한다면, 여기서 때는 카이로스의 의미와 가까울 것이다. 일반적인 헬라어에서, 이 용어는 실천적인 목적을 나타내기 위해서 사용되고 있다. 여기서는 어떤 행동을 하기 위해서 주어지는 좋은 때를 의미한다. 신약성서에서 이 용어는 그의 시간, 즉 고난과 죽음의 시간이 아직 오지 않았다고 말한 예수의 말의 번역이다. 이것은 세례 요한과 예수가 '가까워진' 하나님의 나라에 대해서 때가 찼음을 선언할 때 그들 모두에 의해서 사용되었다. 바울은 하나님이 그의 아들을 보내신 세계사적인 순간에 대해서 말할 때 '카이로스'라는 말을 사용했다. 이 세계사적인 순간은 역사의 중심이 되도록 선택된 시간이었다. 이 '위대한 카이로스'(great kairos)를 인식하기 위해서는 우리는 예수가 때의 징조들을 보지 못한 그의 적들을 비난할 때 말했던 것처럼 '때의 징조들'을 볼 수 있어야만 한다. 바울은 카이로스를 묘사할 때 이교도와 유대교 상황 모두를 고려하고 있다. 그리고 제2 바울 문헌에서는 그리스도 출현의 세계사적이고 우주적인 견해가 점점 중요한 역할을 감당하고 있다. 우리는 때의 성취를 특수한 종교적인 문화적인 발전에 있어서의 성숙한 순간으로 해석해 왔다. 그러나 우리는 그와 더불어 성숙은 하나님의 나라의 중심적인 현현을 받아들일 수 있는 능력을 의미할 뿐만 아니라 그것에 저항하는 가장 큰 힘을 의미한다는 것을 경고해 왔다. 왜냐하면 성숙은 율법에 의한 교육의 결과이기 때문이고 또한 율법을 철저하고도 진지하게 받아들이는 사람들에게 있어서 성숙은 율법에 대해서 절망하게 되어 그 결과 '복음'으로서의 율법을 돌파해 나가는 것을 추구하도록 만들기 때문이다.

카이로스의 경험은 비록 그 용어가 사용되지는 않았을지라도 교회사 속에서 반복해서 발생해 왔다. 예언자적인 정신이 교회 안에서 일어날 때마다 "세 번째 단계", 즉 "천년간"의 "그리스도의 지배"의 단계가 말해졌다. 이 단계는 임박한 것으로 생각되었기 때문에 왜곡된 단계의 교회들에 대한 예언자적인 비판의 토대가 되었다. 교회들이 이 비판을 거부하거나 아니면 어느 정도 타협해서 받아들일 때에는, 예언자적인 정신은 기원적으로 혁명적인 성격을 지니고 있는 분파적인 운동이 되지 않을 수 없었다. 이것은 분파가 교회가 되고 예언자적인 정신이 잠재적인 것이 될 때까지 계속되었다. 카이로스의 경험들이 교회의 역사에 속한다는 사실과 역사의 중심의 출현인 "위대한 카이로스"가 하나님의 나라가 특수한 돌파 속에서 자신을 나타내고 있는 상대적인 '카이로이'(kairoi - 카이로스들)를 통해서 거듭해서 재경험된다는 사실은 우리의 고찰에 있어서 결정적인 것이다. 카이로스와 카이로이의 관계는 기준과 기준 아래에 있는 것의 관계이고, 힘의 근원과 이 힘의 근원에 의해서 양육되는 것의 관계이다. 카이로이는 잠재적인 교회와 명시적인 교회의 예비적인 운동과 수용적인 운동 모두에서 발생했고 지금도 발생하고 있다. 왜냐하면 예언자적인 정신은 역사의 오랜 시간 동안 잠재되거나 억압되어 있을 수 있지만, 그것은 결코 부재하지 않고 하나의 카이로스 속에서 율법의 장애물들을 돌파해 나가기 때문이다.

카이로스의 자각은 비전의 문제이다. 이것은 심리학적 또는 사회학적인 견지에서 주어질 수 있는 것과 같은 분석과 계산의 대상이 아니다. 이것은 객관적인 관찰의 문제가 아니라 관여된 경험의 문제이다. 그러나 이것은 관찰이나 분석이 배제된다는 것을 의미하지 않는다. 관찰과 분석은 경험을 객관화하는 데 도움이 되고, 비전을 명료하고 풍부하게 하는데 도움이 된다. 그러나 관찰과 분석은 카이로스의 경험을 생산하지는 못한다. 예언자적인 영은 논증이나 선의지에 의존하지 않고 창조적으로 활동한다. 그러나 영적이라고 주장되는 모든 순간들은 검증되지 않으면 안 된다. 그리고 이 기준은 "위대한 카이로스"이다. 카이로스라는 용어가 중부 유럽의 제1차 세계대전 이후의 위기적인 또는 창조적인 상황에 대해서 사용되었을 때, 이것은 위대한 카이로스에 순종한(적어도 의도적으로는) 종교사회주의 운동에 의해서만 사용된 것이 아니라, 나치즘의 목소리를 통해서 위대한 카이로스를 공격했고 또 위대한 카이로스가 지지하는 모든 것을 공격했던 민족주의에 의해서도 사용되었다. 후자의 사용은 마성적으로 왜곡된 카이로스의 경험이었고, 불가피하게 자기 파괴로 끝났다. 나치즘이 주장했던 영은 거짓 예언자의 영이었다. 이 예언자들은 우상숭배적인 민족주의와 인종주의를 주창했다. 이것들에 맞서서 그리스도의 십자가는 절대적인 기준이었으며 지금도 절대적이다.

카이로이에 대해서는 다음과 같은 두 가지가 언급되어야 한다. 첫째, 카이로이는 마성적으로 왜곡될(distorted) 수 있다. 둘째, 카이로이는 잘못될(erroneous) 수도 있다. 후자의 성격은 어느 정도이기는 하지만 언제나 그러했고 심지어 위대한 카이로스에서도 그러했다. 이 잘못은 그 상황의 카이로스적인 성격에 놓여 있는 것이 아니고라 물리적인 시간과 공간과 인과성의 견지에서 또는 역사적인 배열 가운데 있는 인간적 반응이나 미지의 요소들의 견지에서 상황의 성격을 판단하는데 있다. 즉 카이로스의 경험은 과학적이고 기술적인 의미에서도 예견할 수 없는 역사적인 운명의 질서 아래에 있다. 카이로스의 경험 속에서 예언된 어떠한 날짜도 옳지 않았다. 카이로스의 결과로서 직시된 어떠한 상황도 실현되지 않았다. 그러나 하나님 나라의 힘이 역사 속에 나타난 것처럼 하나님 나라의 힘에 의해서 무엇인가가 어떤 사람들에게 발생했다. 그리고 역사는 그 이후로 바뀌었다.

마지막으로 제기되는 문제는 어떠한 카이로스도 경험되지 않는 시기가 역사 속에 있었는가에 관한 것이다. 분명히 하나님 나라와 영적인 현존은 어떤 순간에도 있었다. 그리고 역사는 역사적인 과정 그 자신의 본성에 의해서 언제나 자기초월적이다. 그러나 역사를 결정하는 것으로서의 하나님 나라의 현존 경험은 언제나 주어져 있는 것은 아니다. 역사는 같은 리듬 속에서 움직이지 않는다. 역사는 큰 폭포와 고요한 흐름을 통해서 움직이는 역동적인 힘과 같다. 역사에는 올라갈 때와 내려갈 때가 있고, 빠른 시대와 느린 시대가 있으며, 극도로 창조적인 시대와 전통에 매인 보수적인 시대가 있다. 후기 구약시대 사람들은 영의 기근의 시대라고 불평했고 이 불평은 교회사 중에서도 되풀이 되었다. 하나님의 나라는 언제나 현존한다. 그러나 역사를 뒤흔드는 하나님 나라의 힘의 경험은 언제나 현존하지 않는다. 카이로이는 드물고 위대한 카이로스는 유일하다. 그러나 이들은 함께 역사의 자기초월 속에서 역사의 역동성을 결정하고 있다.

4. 역사적인 섭리

우리는 섭리론을 "만물을 이끄시는 하나님의 창조성"(제2부 신론 178-190)의 제목에서 논의하였다. 우리는 섭리는 결정론적으로, 즉 하나님의 계획이 "세계 창조 이전"에 정해졌고 지금도 진행 중에 있으며 하나님은 때때로 기적적으로 간섭하신다는 의미에서 이해되어서는 안 된다는 것을 고찰했다. 우리는 그러한 초자연주의적인 기계론 대신 하나님과 세계의 관계에 대해서 자유와 운명의 기본적인 존재론적인 대극성을 적용시켰고, 하나님이 이끄시는 창조성은 피조물의 임의성과 인간의 자유를 통해서 활동한다고 주장했다. 이제 우리가 역사적인 차원을 포함해서 말한다면, 우리는 역사가 향하여 달려가는 '새로운' 것, 즉 특수하게 새로운 것이면서도 동시에 절대적으로 새로운 것이 역사적인 섭리의 목표라고 말할 수 있다. 하나님의 '계획'(design)에 대해서 말하는 것은, 심지어 그것이 결정론적으로 이해되지 않을지라도 오해될 수 있다. 왜냐하면 '계획'이라는 말은—계획을 구성하고 있는 모든 세부 항목을 포함하여—미리 구상된 모형의 의미를 지니고 있기 때문이다. 이것은 운명이 자유를 폐기하는 만큼 역사의 과정들 속에 있는 우연성의 요소를 제한하는 것이다. 그러나 역사의 본질은 우연한 것, 놀라운 것, 유추될 수 없는 새로운 것을 포함하고 있다. 우리는 하나님의 섭리의 상징을 편재적인 우연성의 요소를 포함하는 데까지 확장해야 한다. 한 마리의 새가 지금 여기에서 섭리에 따라 죽었다면, 여기에는 우연성의 요소가 존재하는 것이다. 또한 폭군이 나타나서 하나님의 섭리 안에서 개인과 민족을 파멸시켰다면 여기에도 우연성의 요소가 존재하는 것이다.

 마지막 예는 역사적인 섭리 문제와 역사에 있어서의 악의 세력들의 문제를 지시해 준다. 도덕적이고 물리적인 악의 거대함과 역사에 있어서의 마성적인 것의 압도적인 출현과 그것의 비극적인 결과는 언제나 역사적인 섭리 신앙의 수용을 반대하는 이론적인 논증과 동시에 실존적인 논증이었다. 그리고 참으로 현실의 이러한 측면들을 섭리의 개념 안으로 이끌어오는 신학만이 섭리라는 개념을 사용할 수 있는 권리를 가질 것이다. 악을 철저하게 고려하는 섭리의 개념은 계몽주의 철학(일부를 제외하고서)을 특징짓는 목적론적 낙관주의와 19세기와 20세기 초기의 진보주의를 배제한다. 어떠한 미래의 정의와 행복도 과거의 불의와 고통을 폐기시킬 수는 없다. 가정된 '마지막 세대'의 복지도 이전 모든 세대의 악과 비극을 정당화할 수 없다. 둘째로, 진보주의적이고 유토피아적인 주장은 모든 개인이 지니고 태어난 "선과 악에 대한 자유" 요소와 모순된다. 선의 힘이 증가하는 곳에는 악의 힘도 증가한다. 역사적인 섭리는 선과 악 모두를 포함하고 있다. 그리고 역사적인 섭리는 역사 안에서도 역사를 넘어서도 선과 악 모두를 통해서 새로운 것을 창조해 나간다. 또한 역사적인 섭리의 이러한 개념은 반동적인 비관주의와 냉소적인 비관주의의 거부도 포함한다. 역사적인 섭리는 역사의 부정적인 것(분열, 파괴, 세속화)은 결코 역사적인 과정의 시간적인 목표와 영원한 목표를 이길 수 없다는 확신을 준다. 이것이 그리스도 안에 나타난 하나님의 사랑이 마성적인 세력을 극복한다고 말한 바울의 메시지의 의미이다(로마서 8장). 마성적인 세력들은 파괴되지 않는다. 하지만 마성적인 세력들은 역사의 목표, 즉 존재와 의미의 신적인 근거와의 재결합을 저지할 수는 없다.

　역사적인 섭리가 발생하는 방식은 하나님의 신비와 동일한 것이다. 따라서 그것은 모든 계산과 표현을 초월해 있다. 헤겔은 그가 역사적인 섭리가 발생하는 방식을 알고 있으며, 논리학의 변증법을 기록된 역사의 구체적인 사건에 적용함으로 그 방식을 표현할 수 있다고 주장했을 때 잘못을 저질렀다. 우리는 헤겔의 방법이 다른 문화의 신비적인 형이상학적인 배경에 관한 많은 중요한 관찰들에 대해서 그의 눈을 열어주었다는 것을 부인할 수 없다. 그러나 그는 기록되지 않은 역사적인 전개, 어떠한 일반적인 해석도 제한하는 모든 위대한 문화 안에 있는 내적인 갈등들, 일관된 계획을 가로막는 미래를 향한 역사의 개방성, 진화론적인 도식에 따르면 오래 전에 이미 역사적인 중요성을 상실해 버렸을 위대한 문화와 종교의 생존과 재생, 역사적인 과정 안으로의 하나님의 나라의 돌입, 유대교의 영속성과 기독교적 사건의 유일성이 창조된 것, 등을 고려하지 않았다. 물론, 다른 사람들도 섭리에 대해서 직접적으로는 말하지 않았을지라도 역사적인 섭리의 구체적인 계획을 제시하려고 많은 시도를 했다. 그러나 어느 누구도(심지어 그의 실증주의의 파트너인 콩트까지도) 헤겔만큼 풍부하고 구체적이지 못했다. 이들은 대부분 보다 신중했고, 예를 들어 스펜글러의 성장과 몰락의 법칙이나 토인비의 철수와 귀환, 도전과 응전과 같은 일반적인 범주들의 경우에 예시된 것처럼 역사의 역동성의 어떤 법칙성에 자신들을 제한시켰다. 그러한 시도들은 구체적인 운동들에 대한 귀중한 통찰들을 제공해주고 있다. 그러나 이것들은 역사적인 섭리의 상을 제공해 주지는 않는다. 구약성서의 예언자들은 이들보다 구체적이지 못했다. 예언자들은 주변의 많은 민족들을 다루었지만 그것은 그들의 세계사적인 중요성을 나타내기 위해서가 아니라 그들을 통한 하나님의 활동, 즉 창조, 심판, 파괴, 약속을 통한 하나님의 활동을 나타내기 위해서였다. 예언자들의 메시지는 구체적인 계획을 지시하지 않는다. 그들의 메시지는 단지 역사적인 창조와 심판과 은총의 통해서 나타난 하나님의 활동의 보편적인 법칙만을 지시한다. 특수한 섭리적 행위 전체는 여전히 신적인 삶의 신비 속에 감추어져 있다.

이와 같이 세계사에 대한 구체적인 해석을 선행하여 고찰하는 것은 필요한 일이다. 하지만 이것은 일련의 창조적인 과정 속에 있는 특수한 발달을 특수한 관점에서 이해하는 것을 배제하지는 않는다. 우리가 카이로스의 이념을 논의하고 "위대한 카이로스"의 상황을 묘사할 때, 우리는 이것을 시도했다. 기독교적 관점에서 볼 때, 유대교의 섭리적 성격은 역사적인 발달에 대한 특수한 해석의 지속적인 예이다. 일련의 세계적인 세력들을 묘사한 다니엘서는 그런 의미에서 이해될 수 있다. 이것은 또한 과거 발달의 빛 속에서 현재의 상황을 비판적으로 분석하는 것을 정당화해 준다. 실제로 카이로스의 자각은 과거 발달의 이미지와 현재에 대한 과거의 발달의 의미 모두를 포함하고 있다. 그러나 이것을 넘어서는 모든 것은 "자기 자신을 하나님의 섭리의 의자에 앉히려고" 시도했던 헤겔에 맞서서 제기되었던 반론과 대면하지 않으면 안 된다.

II. 하나님의 나라와 교회

1. 역사 속의 하나님의 나라의 대표자로서의 교회

우리가 영적인 공동체를 논의할 때, 교회를 영적인 공동체의 모호한 구현이라고 불렀다. 그리고 교회가 영적인 공동체를 계시하는 동시에 감춘다는 역설에 대해서도 말하였다. 이제 우리가 역사적인 차원과 그것의 종교적인 해석의 상징을 고찰하고자 할 때, 우리는 교회는 하나님의 나라의 대표자(the representative of the Kingdom of God)라고 말하지 않으면 안 된다. 이 특징은 다른 특징과 모순되지 않는다. "하나님의 나라"는 "영적인 공동체" 이상의 것을 포함하고 있다. 즉 하나님의 나라는 영적인 공동체에 들어올 수 있는 사람들 곧 인격들뿐만 아니라 현실의 모든 요소들을 포함하고 있다. 하나님의 나라는 영적인 공동체를 포함한다. 그러나 이것은 마치 역사적인 차원이 다른 모든 차원들을 포괄하고 있는 것처럼, 하나님의 나라는 궁극적인 목적의 관점 하에서 존재의 모든 영역들을 포괄하고 있다. 교회는 이러한 보편적인 의미에서 하나님의 나라를 대표한다.

교회에 의한 하나님 나라의 대표는 교회 안에서의 영적인 공동체의 구현처럼 모호한 것이다. 어느 경우에라도 교회는 역설적이다. 즉, 교회는 계시하기도 하고 감추기도 한다. 우리는 이미 교회가 악마의 나라를 대표할 수 있다고 지적했다. 그러나 악마의 나라는 하나님 나라의 왜곡이다. 그 나라는 왜곡하는 것 없이 존재할 수 없다. 대표의 능력은(그가 대표한다고 생각하는 것을 아무리 잘못 대표할지라도)

그의 기능에 뿌리를 두고 있는 것이다. 심지어 교회가 궁극적인 것을 계시하는 것 대신에 그것을 감추는 세력일지라도 교회는 여전히 교회이다. 마치 정신의 담지자인 인간이 인간이기를 멈출 수 없는 것처럼, 역사 속에서 하나님의 나라를 대표하는 교회는 비록 대표의 기능을 하나님 나라와 모순되게 행사할지라도 그 기능을 빼앗길 수 없다. 왜곡된 정신도 여전히 정신이며, 왜곡된 거룩함도 여전히 거룩함이다.

우리가 교회론을 제4부에서 충분히 전개했기 때문에 여기서는 역사적인 차원과 관련된 몇 가지만 추가로 고찰하고자 한다. 하나님 나라의 대표자로서의 교회는 역사 목표를 향하여 달려가는 역사적인 시간의 경주와 이 목표에 대항하는 마성화와 세속화의 세력들에 대한 하나님 나라의 역사 내적인 투쟁 모두에 적극적으로 참여한다. 교회는 그의 본래적인 자기이해 속에서 이중적인 과제를 잘 깨닫고 있으며 또한 그것을 예배생활 속에서 아주 뚜렷하게 표현해 왔다. 교회는 새로 세례를 받은 사람들에게 그들이 과거 이교도 시절에 예속되어 있었던 마성적인 세력들로부터 자신들을 공개적으로 분리시킬 것을 요구했다. 오늘날 많은 교회들의 '견신례'의 행위는 젊은 세대의 사람들을 전투하는 교회의 행렬 속으로 이끌어가고 있다. 그와 동시에 많은 교회의 예배와 찬송과 기도는 하나님의 나라의 도래와 그것을 준비해야만 하는 모든 사람들의 의무에 대해서 말하고 있다. 이러한 관념들이 개인주의적인 구원의 관념으로 환원되고 있음에도, 계층 구조적이며 정통주의적인 보수주의가 종말론적인 역동성을 교회의 의식으로부터 완전히 제거하는 것은 어려운 일이 아닐 수 없다. 예언자적인 영이 나타나는 곳마다 이 영은 도래하는 하나님의 나라의 기대를 되살리고, 교회들에게 하나님의 나라의 도래를 증거하고 예비해야만 하는 그 임무를 일깨워 주고 있다. 또한 예언자적인 영은 교회의 역사 속에 언제나 되풀이된 종말론적 운동들을 일으키고 있다(이 운동들은 때때로 아주 강력한 것이 되었으며 때때로 부조리한 것이 되기도 했다). 교회는 기대와 예비의 공동체였고 또한 언제나 그렇지 않으면 안 된다. 교회는 역사적인 시간의 본성과 역사가 향하여 달려가는 목표를 지시하지 않으면 안 된다.

마성화와 세속화에 대한 싸움은 이와 같은 '종말'의 의식으로부터 열정과 힘을 이끌어 오고 있다. 전 역사를 통해서 이러한 싸움을 수행함으로써 교회는 하나님의 나라의 도구가 되고 있다. 교회가 도구로 사용될 수 있는 것은 교회가 소외의 세력들이 극복되어 있는 새로운 존재에 기초하고 있기 때문이다. 마성적인 것은, 대중적인 상징주의에 따르면 만일 거룩한 것이 거룩한 말과 기호와 이름과 재료들 속에 나타난다면 거룩한 것의 즉각적인 현존을 견딜 수 없다. 그러나 이것을 초월하여 교회들은 그와 같은 것들을 통해서 활동하는 새로운 존재의 힘이 보편적인 역사 속에서 마성적인 세력과 세속적인 세력 모두를 극복할 것이라고 믿는다. 교회들은 그들이 하나님의 나라를 위해서 싸우는 전투 기관이며, 역사의 성취를 향하여 나아가는 운동의 주도적인 세력이라고 느끼고 있다(또한 느껴야만 한다).

새로운 존재의 중심적인 현현이 교회가 그 위에 기초하고 있는 사건 속에서 나타나기 이전에는 명시적인(manifest) 교회가 존재하지 않았다. 그러나 이 사건 이전 이후의 역사에는 잠재적인(latent) 교회, 즉 잠재적 상태의 영적인 공동체가 있었고 현재에도 있다. 영적 공동체와 그것의 예비적인 활동이 없었다면 교회는 하나님 나라를 대표할 수 없었을 것이다. 거룩한 것 자체의 중심적인 현현은 거룩한 것, 즉 존재와 당위에 대한 선행적인 경험이 없었다면 불가능했을 것이다. 그 결과 교회도 불가능했을 것이다. 따라서 만일 우리가 교회들이 역사의 성취를 향한 운동의 주도적인 세력이라고 말한다면, 우리는 이러한 판단 속에 잠재적인 교회(교회들이 아니라)를 포함시켜야만 한다. 그리고 우리는 다음과 같이 말할 수도 있을 것이다. 역사 속에 나타난 하나님의 나라는 잠재적인 교회가 효과적으로 작용하고 있는 집단들과 개인들에 의해서 대표되고 있다. 그리고 과거나 미래의 예비적인 활동을 통해서 명시적인 교회(또한 기독교 교회)는 역사의 목적을 향한 역사의 운동의 매개체가 될 수 있었고 또한 지금도 될 수 있다. 이것이 교회가 역사 속에서 하나님의 나라의 대표자로서의 기능을 수행할 때 교회로 하여금 겸손하게 만드는 몇 가지 고찰들 중 첫 번째의 것이다.

여기서 우리는 다음과 같은 물음을 묻지 않을 수 없다. 교회가 모든 것을 포괄하는 그의 성격에 있어서 단지 영적인 공동체의 구현일 뿐만 아니라 하나님의 나라의 대표자이기도 하다는 것은 무엇을 의미하는가? 이에 대한 대답은 생명의 다차원적인 통일성과 이 통일성이 거룩한 것의 성례전적인 현현에 대해서 지니고 있는 중요성 속에 놓여 있다. 교회는 그것이 신적인 것의 성례전적인 현존을 강조하는 정도에 따라서 정신과 역사를 선행하는 영역들, 즉 비유기적인 우주와 유기적인 우주를 자기 안으로 이끌어 오고 있다. 헬라 정교회와 같은 강력한 성례전적인 교회는 생명의 모든 차원들이 역사의 궁극적인 목표에 참여하고 있다는 심오한 이해를 가지고 있다. 생명의 모든 요소들의 성례전적인 성별은 궁극적으로 숭고한 것이 모든 것 안에 현존한다는 것을 나타내 주고, 모든 것이 그것들의 창조적인 근거와 그것들의 궁극적인 성취 속에서는 통일되어 있다는 것을 지시해 준다. '말씀'의 교회 특히 율법주의적이고 배타적으로 인격주의적인 형태의 교회가 가진 한 가지 결점은 성례적인 요소와 더불어서 인간 이외의 우주를 성별과 성취로부터 배제한다는 것이다. 그러나 하나님의 나라는 사회적인 상징일 뿐만 아니라 현실 전체를 포괄하는 상징이다. 그리고 교회가 하나님의 나라를 대표한다고 주장한다면, 교회는 그의 의미를 단 하나의 의미로 환원해서는 안 된다.

그러나 이런 주장은 또 다른 문제를 야기시킨다. 즉, 하나님의 나라를 대표하여 세속화와 마성화의 세력에 대항하여 싸우고 있는 교회 자체가 종교의 모호성에 종속되어 있고 세속화와 마성화에 개방되어 있다. 그렇다면 어떻게 마성화되어 있는 교회가 마성화에 대항하는 싸움을 대표할 수 있고 그 자신이 세속화되어 있는 교회가 세속화에 대항하는 싸움을 대표할 수 있는가? 이에 대한 대답은 교회의 역설의 장에서 이미 제시되었다. 즉, 교회는 역설적인 통일성 속에서 세속적이면서도 숭고한 것이고, 마성적이면서도 신적인 것이다. 이 역설의 표현은 교회에 의한 교회에 대한 예언자적인 비판이다. 교회 안에 있는 어떤 것이 전체 교회의 이러한 왜곡에 대해서 대적한다. 마성적인 것과 세속적인 것에 대한 교회의 싸움은 먼저 교회 자체 안에 있는 마성적인 것과 세속적인 것에 대해서 행해져야만 한다. 그와 같은 싸움은 개혁운동으로 나아갈 수 있다. 그리고 바로 그와 같은 운동이 존재한다는 사실이 교회들에게 자신들이 역사 속에서 (또한 교회들의 역사 속에서) 전투하고 있는 하나님 나라의 매개체라고 생각할 수 있는 권한을 부여해 주고 있다.

2. 하나님의 나라와 교회들의 역사

교회들의 역사는 교회가 시간과 공간 안에서 실제적으로 존재하고 있는 역사이다. 교회는 언제나 여러 교회들 안에 실제해 있고, 교회들 안에 실제하고 있는 교회는 하나의 교회이다. 그러므로 우리는 교회들의 역사에 대해서 말할 수 있을 뿐만 아니라 교회의 역사에 대해서도 말할 수 있다. 그러나 우리는 일정한 시간까지는(주후 500년 또는 1500년) 하나의 교회가 시간과 공간 안에 존재했고 그 이후 분열이 발생해서 여러 교회들이 생겨났다고 주장해서는 안 된다. 이러한 주장의 결과는 특정한 시대에 존재했거나 또는 모든 시대에 존재했던 교회들 중에서 어느 한 교회가 자신을 참된 교회(the church)로 일컫는다는 것이다. 영국 교회들은 교회사의 처음 5백년을 다른 시대들보다 위에 올려놓는 경향이 있고, 또한 초대교회에 대한 그들의 유사성으로 인해서 자신들을 다른 교회들보다 위에 올려놓는 경향이 있다. 로마교회는 모든 시대에 걸쳐 자신에게 무한한 절대성을 귀속시키고 있다. 헬라 정교회들은 자신들의 우월성을 처음 일곱 번의 세계공의회에서 이끌어 오고 있다. 헬라 정교회들은 이 세계공의회와 본질적으로 단절이 없는 전통 속에서 살고 있다. 개신교 교회들도 만일 그들이 사도시대로부터 종교개혁까지의 역사를 교회가 단지 잠재적으로만 있었던 시대로 생각했다면(유대교와 이교도의 경우처럼) 똑같은 주장을 할 수 있었을 것이다. 일부 신학적인 또는 교회적인 극단론자들은 적어도 넌지시 그러한 주장을 하고 있다. 이 주장들은 잘못된 것이다. 그리고 결과적으로 이와 같은 마성적인 태도들은 자주 교회, 즉 영적인 공동체가 교회들 안에 '언제나' 살아 있다는 진리와 그들의 토대가 역사 속의 하나님 나라의 중심적인 현현인 그리스도에 있다는 것을 고백하는 교회들이 있는 곳에 교회가 있다는 진리를 간과함으로 비롯되고 있다.

만일 우리가 교회사를 교회와 교회들 사이의 이중적인 관계의 빛 속에서 살펴본다면, 교회사는 어느 측면에서도 하나님 나라와 동일하지 않았다는 것과 교회사는 어느 측면에서도 하나님 나라의 현현 없이 존재하지 않았다고 말할 수 있다. 이것을 염두에 두고서 우리는 교회들의 역설적인 성격을 나타내 주는 교회사의 많은 수수께끼들을 고찰해야만 한다. 먼저 우리는 다음과 같은 물음을 피할 수 없다. 어떻게 역사 안에 나타난 하나님의 나라의 중심적인 현현에 기초를 두고 있다는 교회들의 주장이 교회사의 현실과 결부될 수 있는가? 특히, 이것은 다음과 같은 것을 의미한다. 왜 교회들은 압도적으로 특별한 문명에 속해 있는 일부의 인류에게만 제한되는가? 그리고 왜 교회들은 저 문명의 문화적인 창조에 묶여 있는가? 보다 근본적인 물음은 다음과 같은 것이다. 왜 거의 5백 년 동안 기독교 문명 내에서는 급진적으로 인간의 자기이해를 바꾸어 놓은 그리고 많은 경우에는 반기독교로 변한(현저하게는 과학적 인본주의나 자연주의적인 공산주의로 전환된) 세속주의 운동이 일어났는가? 이것은 오늘날에는 다음과 같은 또 다른 물음을 야기시키는 질문이다. 왜 이 두 형태의 세속주의는 극동의 나라들과 같은 비기독교 문명을 가진 국가들에게서 엄청난 힘을 발휘하고 있는가? 세계의 여러 지역에서 기독교의 선교가 시도되고 있고 또한 성공하고 있음에도 이와 같은 기독교 문명의 파생물들의 전파가 훨씬 더 인상적이다. 물론, 이러한 고찰은 논증이 아니다. 하지만 이것은 교회사의 하나의 수수께끼에 대한 반응이다. 다른 수수께끼는 교회들의 내적인 발달 속에서 나타나고 있다. 교회들 사이의 대분열은 가장 분명한 것이다. 왜냐하면 각 교회들은 비록 로마교회처럼 절대적 또는 배타적인 진리를 주장하지는 않을지라도 진리를 주장하고 있기 때문이다. 확실히 예수가 그리스도라는 것을 주장하지 않는 기독교 교회는 명시적인 교회이기를 중단해 왔다(비록 그 속에 잠재적인 교회가 남아있을지라도).

그러나 만일 그리스도 예수를 인정하는 교회들이 자신들의 배타성 때문에 이 사건에 대해서 서로 다르게 해석을 한다면, 우리는 다음과 같이 묻지 않을 수 없다. 어떻게 교회들의 역사 속에 구현되어 있는 교회 역사가 교회들이 기원을 두고 있는 한 사건에 대해서 서로 모순되게 해석할 수 있는가? 우리는 다음과 같이 물을 수도 있다. 교회들(역사적인 섭리의 중심적인 창조에 근거하고 있는 교회들)이 인간적 관점에서는 더 이상 치유될 수없는 분열로 나아갈 때 하나님의 섭리의 의도는 무엇인가? 더 근본적인 물음은 다음과 같은 것이다. 어떻게 교회의 역사 속에 그렇게 많은 거룩한 것의 세속화(profanization)가 발생할 수 있는가? 여기서 세속화는 의식화(ritualization)에 의한 세속화와 세속화(secularization)에 의한 세속화 두 가지 모두를 의미한다. 전자의 왜곡은 가톨릭 유형의 기독교에서 더 많이 발생했고, 후자의 왜곡은 개신교의 유형의 기독교에서 발생했다. 우리는 때때로 예언자적인 분노를 가지고 어떻게 역사의 중심인 그리스도의 이름이 가톨릭적 세계, 즉 헬라와 로마의 많은 지역들의 민족적, 사회적 집단들의 엄청난 양의 미신적인 신앙과 동일시될 수 있었는지를 묻지 않으면 안 된다. 우리는 이들의 신앙이 아무리 원시적일지라도 그들의 신앙의 순수성을 의심할 수 없다.

그러나 우리는 그들이 지상이나 천상의 소원의 성취를 위해서 예배 때 행한 의식들이 신약성서의 그리스도상과 어떤 관계가 있는지를 의심하지 않으면 안 된다. 그리고 우리는 덧붙여서 다음과 같은 보다 심각한 물음을 해야만 한다. 어떻게 영적인 현존의 이러한 의식화가 이런 상태의 개혁을 거부한 계층에 의해서 옹호될 수 있었고, 심지어 보다 더 잘 알고 있었던 신학에 의해서 정당화되거나 묵인될 수 있었는가? 만일 우리가 개신교에 시야를 돌린다면 궁극적으로 숭고한 것의 세속화의 또 다른 형태, 즉 세속화(secularization)가 나타난다. 이것은 사제를 평신도로 만들고, 성례전을 말들로 만들며, 거룩한 것을 세속적인 것으로 만드는 개신교 원리의 표제 하에서 나타나고 있다. 물론, 개신교는 사제와 성례전과 거룩한 것을 세속화하려고 의도하지 않는다. 오히려 거룩한 것이 특별한 장소나 질서나 기능에 제한되지 않는다는 것을 나타내려고 노력한다. 그러나 그렇게 함으로써 개신교는 거룩한 것을 세속적인 것으로 해체하고, 기독교 문화의 총체적인 세속화에 길을 열어주는 경향을 피할 수 없게 된다. 그것이 도덕주의에 의해서든지, 아니면 주지주의에 의해서든지, 아니면 민족주의에 의해서든 간에. 개신교는 가톨릭보다 그의 토양의 세속적인 경향에 대해서 덜 무장되어 있다. 그러나 가톨릭은 프랑스와 러시아의 역사가 보여주는 것처럼 모든 기독교적인 것에 대한 세속주의의 직접적인 공격에 의해서 보다 더 많은 위협을 받고 있다.

궁극적으로 숭고한 것의 세속화의 두 번째 형태(이것은 지금 전 세계로 퍼져가고 있다)는 최근의 세기에 나타나고 있는 교회사의 보다 더 큰 수수께끼이다. 아마도 이것은 현대 교회사의 가장 난해하고 긴박한 문제일 것이다. 어떻게 기독교의 문명 한 가운데서 나타나고 있는 상황 전개가 기독교가 역사의 중심이 되는 사건, 즉 그리스도 예수의 사건의 메시지를 가지고 있다는 주장과 조화될 수 있는가? 초기의 신학은 헬라화된 로마 문화의 세속적 창조물을 흡수할 수 있었다. 초기의 신학은 스토아 학파의 로고스론을 통해서 고대문명을 보편적인 교회(원리적으로 인간의 문화적 창조물의 모든 긍정적인 요소를 포괄하고 있는 보편적인 교회)를 세우기 위한 재료로 사용했다. 바로 이 점에서 제기되는 문제는 다음과 같다. 왜 세속적인 세계는 근대 서구문명의 결합으로부터 떨어져 나갔는가? 그리스도 안에 나타난 새로운 존재의 힘은 근대 자율문화의 창조물을 역사의 중심 속에서 인격적 현존이 된 로고스를 복종시키기에 충분히 강력하지 못했는가? 물론, 이 물음은 나의 조직신학에서처럼 모든 현대신학에서 결정적인 동기가 되지 않으면 안 되는 물음이다.

교회사의 마지막 문제이면서도 가장 불쾌한 수수께끼는 교회사 안에 나타난 마성적인 것의 힘이다. 이것은 로마서 8장의 바울의 승리의 개가에 나타난 것처럼 기독교의 최고 주장이 마성적인 힘들에 대한 그리스도의 승리라는 사실에 비추어 볼 때 불쾌한 수수께끼이다. 마성적인 것의 승리에도 초기의 사제에 의해서 용납된 거룩한 것의 의식화 속에 나타난 마성적인 요소의 현존은 마치 교회들이 그들의 토대와 자신들이 그 위에 세운 건물 사이를 혼동하여 전자의 궁극성을 후자에게 부여할 때마다 발생하고 있는 보다 근본적인 마성화가 부정될 수 없는 것처럼 존재한다. 기독교에는 마성화의 하나의 노선이 있다. 그것은 먼저 기독교가 로마제국 국교의 지위로 높아진 직후에 발생한 이교도에 대한 박해로부터 시작하여 대공의회의 선언에 나타난 정죄문을 거쳐서, 중세의 분파 근절 전쟁과 종교재판의 원칙과 개신교 정통주의의 횡포와 그 분파들의 열광주의와 근본주의의 완고함을 거쳐서, 교황의 무오설의 선언에까지 이어지는 노선이다. 그리스도가 제자들이 강제로 떠밀어 넣으려고 했던 특수한 절대주의에 대한 모든 주장들을 희생하신 사건은 기독교 메시지의 마성화의 위와 같은 사례들 속에서는 무효화되고 말았다.

이러한 관점에서 우리는 다음과 같은 질문을 던져야 한다. 교회사의 의미는 무엇인가? 한 가지는 분명하다. 즉, 우리는 교회사를 '거룩한 역사' 또는 '구원사'라고 부를 수 없다. 거룩한 역사는 교회사 안에 있지만 교회사에 국한되지는 않는다. 거룩한 역사는 교회사 안에 나타나 있을 뿐만 아니라 교회사에 의해서 감추어지기도 한다. 그럼에도 교회사는 다른 역사가 갖지 못하는 하나의 특징을 가지고 있다. 즉 교회사는 그 자신의 모든 시대와 모든 양상을 역사 속에 나타난 하나님의 나라의 중심적인 현현과 연관시키고 있기 때문에, 교회사는 그 자신 속에 스스로에 대한 궁극적인 기준, 즉 그리스도 예수 안에 나타난 새로운 존재를 가지고 있다. 이 기준의 현존은 교회들을 다른 모든 종교 집단들 위로 높여준다. 이것은 그들이 다른 집단들보다 '선하기' 때문이 아니라 자신들에 대한 그리고 간접적으로는 다른 집단들에 대한 보다 나은 기준을 가지고 있기 때문이다. 역사 속에서의 하나님 나라의 투쟁은 무엇보다도 그 자신의 대표자들, 즉 교회들의 삶 내부 속에서 발생하는 투쟁이다. 우리는 이 투쟁을 교회들 속에서 거듭 발생하는 개혁과 연관시켰다. 그러나 교회들 속에서의 하나님 나라의 투쟁은 극적인 형태의 개혁 속에서만 나타나는 것이 아니라 개인과 공동체의 일상적인 삶 속에서도 진행되고 있다. 이 투쟁은 단편적인 것이고 예비적인 것이지만 하나님의 나라의 현실적인 승리를 결여하고 있지는 않다. 그러나 극적인 개혁도, 개인과 공동체의 잘 인식되지 않은 변형도 교회들의 소명과 교회사의 유일성에 대한 궁극적인 기준이 될 수는 없다. 궁극적인 기준은 역사의 중심 속에서 나타난 교회들의 토대에 대한 교회들과 교회들의 역사의 관계이다. 이것은 교회들의 발전의 가장 왜곡된 단계에서도 마찬가지이다.

우리는 이전에 명시적인 교회 역사는 잠재적인 교회의 예비적인 활동이 없었으면 불가능했을 것이라고 말하였다. 이 활동은 세계사 속에 감추어져 있다. 따라서 역사 속에서 하나님 나라의 투쟁에 대한 두 번째 고찰은 세계사 속에서 그 투쟁의 효과를 다루는 것이다.

III. 하나님의 나라와 세계사

1. 교회사와 세계사

현재의 장이나 이전의 문맥에서 '세계'라는 말의 의미는 '교회'와 '교회들'이라는 말과의 대조 속에서 결정되었다. 이것은 세계사, 즉 '인류'라는 모든 것을 포괄하는 역사적인 집단의 일관되고 지속적인 역사가 있다는 신념을 의미하지 않는다. 앞에서 논의했던 것처럼 이런 의미의 인류의 역사는 존재하지 않는다. 인류는 역사의 발전이 발생하는 장소이다. 역사의 발전들은 부분적으로는 상호관계가 없고 부분적으로는 상호의존적이다. 그러나 이것은 통일된 행동의 중심을 가지지 않는다. 심지어 인류의 기술적인 통일성이 달성되고 있는 오늘날에 있어서도 어떠한 중심화된 행동도 인류 그 자신에 의해서 실행되고 있지 않다. 그리고 만일 예견할 수 없는 미래에 인류 그 자신이 중심화된 행동을 실행할지라도 특수한 역사가 여전히 세계사의 주된 내용이 될 것이다. 그러므로 우리는 하나님 나라와 세계사의 관계를 고찰할 때 이 특수한 역사들을 고려하지 않으면 안 된다. 특수한 역사들이 서로 관계가 있든지 없든지 간에, 이 특수한 역사들의 현상들이 각각 논의되지 않으면 안 된다.

첫 번째 문제는 앞장의 빛 속에서 볼 때 교회사와 세계사 사이의 관계에 관한 것이다. 이 문제의 어려움은 하나님의 나라의 대표자로서의 교회사가 세계사의 일부인 동시에 세계사를 초월해 있는 것의 일부라는 사실과 세계사는 교회사와 대립하는 동시에 교회사(또한 진정한 교회사를 예비하는 잠재적인 교회의 활동들)에 의존하고 있다는 또 다른 사실에서 비롯되고 있다. 이것은 명백하게 상호긍정과 상호부정을 포함하고 있는 고도의 변증법적인 관계이다. 여기서는 다음과 같은 점들이 고찰되지 않으면 안 된다.

먼저, 교회들의 역사는 세계 역사의 모든 특징들을 나타내 주고 있다. 즉, 사회적 자기통합과 사회적 자기창조와 사회적 자기초월의 모든 모호성들이다. 이러한 점에서 교회들은 세계이다. 교회들은 힘의 구조, 성장의 구조, 승화의 구조와 이 구조들이 지니고 있는 모호성들이 없으면 존재할 수 없을 것이다. 그러므로 교회들은 세계사의 특수한 부분 이외의 아무것도 아니다. 그러나 그것의 진리성에도 불구하고, 이 관점은 배타적인 타당성을 주장할 수 없다. 교회들에는 또한 세계사의 모호성들에 대한 정복될 수 없는 저항과 그 모호성들에 대한 단편적인 승리가 존재한다. 세계사는 영적 공동체를 구현하는 교회들의 능력에 의해서 심판받는다. 하나님의 나라 대표자로서의 교회들은 그것이 없었으면 그들 자신이 존재할 수 없었던 것을 심판한다. 그러나 교회는 실천적으로는 그것을 수용하면서 이론적으로는 그것을 심판하지 않는다. 그들의 심판은 예언자적인 말들 속에서 이루어질 뿐만 아니라 세계사가 그 속에서 움직이고 있는 모호한 상황으로부터의 예언자적인 철수를 통해서도 이루어진다. 정치 권력으로부터 철수하는 교회들은 자신들의 권력 정치의 의심스러운 성격을 결코 보지 못했던 교회들보다 정치 권력의 모호성을 심판할 수 있는 보다 많은 자격을 부여받고 있다. 공산주의에 대한 가톨릭의 비판은(그 자체로서는 아무리 정당할지라도) 필연적으로 그 비판이 각각 자신의 특수한 타당성에 대해서 궁극적인 주장을 하는 두 개의 경쟁적인 정치 집단 사이의 투쟁처럼 행해지고 있다는 의심을 불러일으키고 있다. 개신교의 비판도 이러한 기만으로부터 자유롭지 못하다. 하지만 개신교의 비판은 그 비판이 인간의 궁극적인 관심의 이름으로 행해지고 있는 것인가 아니면 정치적, 경제적 목적을 위해서 종교적 판단을 사용하고 있는 특수한 정치집단의 이름으로(미국의 근본주의와 극보수주의의 동맹에서처럼) 행해지고 있는 것인가의 질문에 개방되어 있다. 공산주의에 대한 개신교 집단의 비판은 가톨릭의 비판처럼 똑같이 정당할 수 있고 동시에 똑같이 의심스러운 것일 수 있다. 그러나 개신교의 비판은 정직성의 검증을 거쳤다고 할 수 있다. 이 검증은 먼저 교회 자신에 대해서, 심지어 교회의 기본적인 구조에 대해서까지도 실행되었다. 이것은 로마교회가 결코 받을 수 없었던 검증이다. 왜냐하면 로마교회에 있어서 교회사는—비록 회원 개개인과 특수한 사건에 대해서는 제한이 가해졌을지라도—원리적으로는 어떠한 제한도 있을 수없는 거룩한 역사이기 때문이다.

    교회사는 그것이 세계사의 일부이기 때문에 자신을 심판하면서 세계사를 심판한다. 교회사는 세계사에 영향을 끼친다. 서양의 지난 이천년간의 세계사는 교회들의 변혁적인 영향 안에서 움직여 왔다. 예를 들어, 사회적 관계들의 기후는 교회들의 실존에 의해서 변해왔다. 이것은 사실인 동시에 문제이기도 하다. 기독교가 수용되는 곳에서는 인격 대 인격의 관계를 근본적으로 바꾸어 놓았다는 것이 사실이다. 이것은 이 변화의 결과가 대다수의 사람들에 의해서, 심지어 많은 사람들에 의해서 실천되었다는 것을 의미하지 않는다. 그러나 이것은 그것을 의식하면서도 새로운 방식의 인간관계를 실천하지 않는 사람은 누구든지 불안한 양심에 부딪치게 된다는 것을 의미한다. 아마도 우리는 세계사에 대한 교회사의 주된 영향은 새로운 존재의 영향을 받았으면서도 옛 존재의 길을 따르는 사람들에게 불안한 양심을 생산한 것이라고 말할 수 있다. 기독교 문명은 하나님의 나라가 아니다. 하지만 기독교 문명은 하나님의 나라의 지속적인 상기자이다. 그러므로 우리는 결코 세계의 상태의 변화를 기독교의 메시지의 타당성을 증명하는 근거로 사용해서는 안 된다. 그러한 논증은 설득력이 없다. 왜냐하면 그것은 교회들의 역설과 세계사의 모든 단계의 모호성들을 놓치고 있기 때문이다. 때때로 역사적인 섭리는 역사 속에서 하나님의 나라 실현을 위해 교회의 마성화와 세속화를 통해서 활동한다. 그러한 섭리적인 전개는 교회들의 왜곡을 변호해주는 핑계거리가 될 수 없다. 오히려 이것은 하나님의 나라가 그의 역사적인 대표자들로부터 독립되어 있다는 것을 나타내 준다.

이런 조건들 안에서 교회사를 서술하기 위해서는 이중적인 관점이 모든 특수한 발전을 기술할 때마다 요구된다. 첫째, 교회사는 역사적 연구의 최선의 방법을 가지고 사실과 그 관계들을 나타내야 하지만 그렇게 할 때 하나님의 섭리를 일반적인 인과관계의 사슬 속에 있는 하나의 특수한 원인으로서 다루어서는 안 된다. 교회사가는 교회의 역사를 쓸 때 세계사에 대한 하나님의 간섭의 역사를 쓰려고 해서는 안 된다. 둘째, 교회사가는 신학자로서 그 자신이 영적인 공동체가 그 속에서 작용하고 있고 그리고 하나님 나라가 그것에 의해서 대표되고 있는 역사적인 실재에 대해서 말하고 있다는 사실을 의식하지 않으면 안 된다. 그가 다루는 세계사의 부분은 모든 세계사에 대한 섭리적인 사명을 가지고 있다. 그러므로 그는 세계사를 교회사가 그 속에서 움직이고 있는 거대한 모체로서 볼 뿐만 아니라 다음과 같은 삼중적인 관점에서 바라보아야만 한다. 첫째, 하나님의 나라 대표로서의 교회사가 준비되어 왔고 지금도 준비되고 있는 현실로서, 둘째, 영적인 공동체의 변혁적 활동의 대상이 되는 현실로서, 셋째, 교회사가 그것에 의해서 심판받고 동시에 심판하는 현실 등이다. 이런 식으로 쓰여진 교회사는 역사적인 시간 속에 실현된 하나님 나라의 역사의 일부분이라고 말할 수 있다. 그러나 이 역사에는 또 하나의 다른 부분이 존재한다. 그것은 세계사 자체이다.

2. 하나님의 나라와 역사적인 자기통합의 모호성

우리는 역사의 모호성들을 일반적인 생명 과정의 모호성의 결과로 묘사해 왔다. 역사적인 차원의 생명의 자기통합은 중심을 향한 운동 속에 내포되어 있는 모호성을 보여준다. 그것은 '제국'의 모호성과 '지배'의 모호성이다. 전자는 보편이고 역사적인 통일성을 향한 확장의 운동 속에서 나타나고, 후자는 특수한 역사 담지자 집단의 중심화된 통일을 향한 운동 속에서 나타나고 있다. 각각의 경우에 힘의 모호성이 역사적인 통합의 모호성 배후에 놓여 있다. 이로써 다음과 같은 문제가 제기된다. 하나님의 나라와 힘의 모호성 사이의 관계는 무엇인가? 이 물음에 대한 대답은 교회와 힘 사이의 관계의 물음에 대한 대답이기도 하다.

이에 대한 근본적인 신학적인 대답은 다음과 같은 것이다. 존재의 힘 자체(the power of being)이신 하나님이 존재의 모든 특수한 힘들의 근원이기 때문에 힘은 본질적으로 신적이다. 하나님, 그리스도, 교회에 대한 힘의 상징들은 성서 문헌에 풍부하다. 그리고 성령은 힘과 의미의 역동적인 통일이다. 힘을 경시하는 대다수 평화주의자들의 발언은 비성서적이고 비현실적이다. 힘은 비존재를 저지하는 영원한 가능성이다. 하나님과 하나님의 나라는 이 힘을 영원히 '행사'한다. 그러나 신적인 생명 속에서는(이 신적인 생명의 창조적인 자기 현현이 하나님의 나라이다) 힘, 제국, 지배의 모호성들이 모호하지 않는 생명에 의해서 극복되어 있다.

이것이 역사적인 실존 내에서 의미하는 바는 역사 속에서 하나님 나라의 모든 승리는 힘의 모호성의 분열적인 결과에 대한 승리라는 것이다. 이 모호성은 주체와 객체 사이의 실존적인 분열에 근거하고 있기 때문에, 그것의 극복은 주제와 객체의 단편적인 재결합을 포함한다. 역사를 담지한 집단의 내적인 힘의 구조에 있어서, 이것은 역사 속에서 하나님 나라의 투쟁은 현실적으로는 제도와 태도에 있어서 승리하는 것이라는 것과 (비록 단편적일지라도) 일반적으로 힘을 동반하는 강제를 극복하고 중앙집권적인 지배의 대상을 순수한 대상으로 변형시키는 것을 의미한다. 정치적 태도와 제도의 민주화가 힘의 파괴적인 함의를 저지하는 데 기여하고 있는 한, 그것은 역사 속에 하나님 나라의 현현이다. 그러나 민주주의 제도와 역사 속의 하나님 나라를 동일시하는 것은 완전히 잘못된 것이다. 많은 사람들의 마음 속에 있는 이러한 혼동은 민주주의의 이념을 직접적인 종교적인 상징의 자리에까지 높였고, 간단히 그것으로 "하나님의 나라"의 상징을 대체시켰다. 이 혼동에 대해서 반론을 펴는 사람들은, 그들이 귀족적인 계층적인 힘의 체제가 인간들이 최강자의 폭정으로 인해서 완전히 대상으로 바뀌는 것을 오랫동안 막아 주었다는 사실을 지적할 때 옳았다. 그리고 이 뿐만 아니라 그들이 귀족 체제가 공동체와 인격을 창조하는 효력에 의해서 지도자와 대중의 민주주의적인 잠재성을 개발시켜 주었다는 것을 지적할 때, 그들은 옳았다. 그러나 이러한 고찰은 권위주의적인 힘의 체계를 하나님의 의지의 표현으로 해석하고 그것에 영광을 돌리는 것을 정당화 해주지는 못한다. 정치권력의 구조에서 집중적(centering) 요소와 해방적(liberating) 요소가 균형을 이루고 있는 한, 역사 속에서의 하나님 나라는 지배의 모호성을 단편적으로 극복해 왔다. 이것이 동시에 교회가 그에 따라서 정치적 행동과 이론을 판단해야만 하는 기준이다. 권력 정치에 대한 교회의 판단은 힘의 부정이 아리라 긍정이 되어야만 한다. 심지어 정의가 파괴되었을 경우에는 힘의 강제적인 요소까지도 긍정되어야만 한다(여기서 '정의'는 잠재적인 인격으로서의 개인을 공동체 내에서 보호한다는 의미로서 사용되고 있다). 그러므로 인격적인 주체의 '객관화'에 대항하는 싸움은 예언자적인 증거와 제사장적인 전수에 의해서 수행되어야만 하는 교회의 영구적인 과제이지만, 정치 권력을 지배하고 정치 권력에 하나님의 나라 이름으로 특별한 해결책을 부과하는 것은 교회의 기능이 아니다. 하나님의 나라가 역사 속에서 활동하는 방법은 교회가 역사의 과정을 지도하기를 원하는 방법과 동일하지 않다.

역사적인 차원에서 생명의 자기통합의 모호성은 또한 제국의 모든 인간 집단들이 재결합하려는 경향 속에서도 작용하고 있다. 또 다시 언급해야만 하는 것은 역사 속에서의 하나님 나라는 중심화된 정치 집단들, 예를 들어 민족들의 만남에 있어서의 힘의 부정을 의미하지 않는다는 것이다. 개별적인 인간들을 포함하여 살아 있는 존재들의 모든 만남에서처럼, 이 존재의 힘은 존재의 힘과 만나고 결정은 그러한 힘의 많고 적음에 따라서 이루어진다. 이것은 정치 권력 집단들의 만남에 있어서도 마찬가지이다. 그리고 특수한 집단과 그것의 지배 구조에서처럼 특수한 집단의 상호관계에서도 역사 속에서의 하나님의 나라 통일을 위해서는 어떤 특수한 집단의 중요성이 실현되어야만 하는가가 매순간 결정되고 있다. 이런 갈등에서는 완전한 정치적 패배가 어느 한 집단이 하나님 나라의 역사적인 현현 속에서 가장 큰 의의를 얻기 위한 조건이 될 수도 있다(유대의 역사나 이와 유사한 인도와 헬라의 역사에서처럼).

그러나 또한 군사적인 패배가 역사 속에서 전투하는 하나님의 나라가 민족적 집단들에게서 거짓된 궁극적 중요성을 박탈하는 방식이 될 수도 있다(히틀러의 독일의 경우에서처럼). 이것은 나치즘의 정복자들을 통해서 행해졌지만 이들의 승리는 그들 자신이 인류의 재결합의 담지자였다는 명백한 주장을 부여해 주지는 않았다. 만일 그들이 이런 주장을 했다면, 그들은 바로 이 사실에 의해서 그것을 성취할 수 없는 무능력을 드러냈을 것이다(예를 들어, 미국의 증오에 찬

선전과 공산주의 러시아의 절대주의를 보라).

기독교 교회에 있어서 이것은 교회란 역사를 담지한 집단과의 관계 속에서 힘(또한 강제)의 필요성을 간과하거나 부정하는 평화주의(pacifism)와 인류의 통일의 성취는 특정한 역사적인 집단에 의한 세계의 정복에 의해서만 가능하다고 믿고 있는 군국주의(militarism) 사이에서 길을 찾아야만 한다는 것을 의미한다. 제국 건설의 모호성은, 고도의 정치적인 통일성이(비록 그것이 힘의 강제적인 요소 없이 존재하고 있는 것은 아닐지라도) 창조되어 통일된 집단들 사이에 공동체가 발전하고 그들 중 어느 것도 중앙집권적인 지배의 단순한 대상으로 바뀌지 않는다면 단편적으로 극복될 수 있다.

보다 큰 통일성을 향한 확장에 있어서의 힘의 문제에 대한 기본적인 해결책이 제국 건설과 전쟁에 대한 교회의 태도를 결정해야만 한다. 전쟁은 보다 높은 제국적인 통일성을 창조하려는 강제적인 요소에 대한 이름이다. '정의로운' 전쟁은 보다 높은 통일성에 대항하는 자의적인 저항이 파괴되는 전쟁(예를 들어, 미국의 남북전쟁)이거나 또는 단순한 억압에 의해서 보다 높은 통일성을 창조하고 유지하려는 시도가 저지되는 전쟁(예를 들어, 미국의 혁명전쟁)이다. 이런 점에서 어떤 전쟁이 정의로운 전쟁이었는지를 말한다는 것은 오직 담대한 신앙 이외에는 말할 길이 없다. 그러나 이와 같은 불확실성은 모든 기준과 판단을 포기하는 냉소적인 유형의 현실주의를 정당화하는 것이 아니고, 역사로부터 힘의 강제적인 요소를 제거하는 가능성을 믿고 있는 유토피아적인 관념론을 정당화하는 것도 아니다. 그러나 하나님의 나라의 대표자로서의 교회는 외형적으로는 전쟁의 모습만을 지니고 있지만 실제로는 우주적인 자살에 불과한 전쟁을 단죄할 수 있고 또한 단죄해야만 한다. 어느 누구도 핵전쟁이 정의로운 전쟁이라고 주장하면서 핵전쟁을 시작할 수는 없다. 왜냐하면 그것은 하나님의 나라에 속한 통일성에 봉사할 수 없기 때문이다. 그러나 우리는 만일 상대가 먼저 핵무기를 사용한다면 같은 것으로 대응할 준비를 해야만 한다. 위협 자체가 억지력이 될 수 있기 때문이다.

　이 모든 것은 평화주의의 길이 역사 속에서 하나님 나라의 길이 아니라는 것을 의미한다. 그러나 확실히 이것은 영적인 공동체의 대표자로서의 교회의 길이다. 만일 교회가 그리스도의 메시지 전파의 수단으로서 군사적이며 경제적인 무기를 사용한다면, 교회는 영적인 공동체의 대표자로서의 성격을 잃고 말 것이다. 이와 같은 상황에서 평화운동과 집단과 개인에 대한 교회의 평가가 비롯되고 있다. 교회는 정치적인 평화주의를 거부해야만 하지만 권력 투쟁의 강제적인 요소에 참여하는 것을 거부함으로써 "하나님의 나라의 평화"를 상징적으로 대표하려는 집단들과 개인들을 지지해야만 하며 또한 이들이 그것에 속해 있으며 또 이들이 그것에 의해서 보호받고 있는 정치 권력에 의해서 야기된 불가피한 반응들을 기꺼이 참고 견디려는 집단들과 개인들을 지지해야만 한다. 이것은 퀘이커와 같은 집단들과 양심적인 거부자들과 같은 개인들을 지칭하는 것이다. 이들은 정치 집단 내에서 힘의 포기를 대표한다. 이 포기는 교회에 있어서는 본질적이지만 그것은 교회에 의해서 정치 단체에 부과될 수 있는 법으로 만들어져서는 안 된다.

3. 하나님의 나라와 역사적인 자기창조의 모호성

　역사적인 자기통합의 모호성은 정치권력의 문제로 나아가는 반면에, 역사적인 자기창조의 모호성은 사회적 성장의 문제로 나아간다. 이것은 혁명과 전통 사이의 충돌을 야기시켜 온 역사에 있어서의 새로운 것과 옛것 사이의 관계의 문제이다. 세대와 세대 사이의 관계는 성장의 과정 속에서 양쪽 모두에 의해서 제기되는 불가피한 불공평성의 요소에 대한 전형적인 예이다. 하나님 나라의 승리는 사회적 성장의 불공평성과 그것의 파괴적인 결과, 즉 "거짓과 살인"이 극복되는 전통과 혁명의 통일성을 창조한다.

이것들은 하나님의 나라의 초월적인 측면의 이름으로 혁명이나 전통을 거부함으로써는 극복되지 않는다. 많은 기독교 집단의 반혁명적인 태도는 잘못된 것이다. 그것이 무혈의 문화적 혁명과 또는 무혈이나 유혈의 정치적 혁명 그리고 어떤 종류의 혁명이든지 간에 그것에 따르는 혼돈은 창조적인 혼돈일 수 있다. 만일 역사를 담지한 집단이 이러한 모험을 무릅쓰지 않는다면 그리고 모든 혁명을 (심지어 무혈의 혁명까지도) 성공적으로 피한다면, 역사의 역동성은 그들을 뒤에 남겨놓고 떠나갈 것이다. 그리고 확실히 그들은 자신들의 역사적인 쇠퇴가 하나님의 나라의 승리라고 주장할 수 없을 것이다. 그러나 이것은 또한 '땅 위에' 하나님의 나라와 그의 정의를 강제로 성취시키려는 혁명에 의해서 기존의 문화적이고 정치적인 삶의 구조들을 파괴해 버리려는 혁명적인 집단들의 시도에 대해서도 마찬가지로 말할 수 없다. 바울이 로마서 13장에서 힘을 가진 권위자들에 대한 복종의 의무에 관해서 쓴 것은 모든 혁명에 종지부를 찍으려는 기독교적 혁명 이념에 대항하기 위한 것이었다. 성서적 진술의 많은 정치적이고 신학적인 악용들 중 하나는 바울의 말을 특정 교회, 특히 루터교회의 반혁명적인 편견을 정당화하는 것으로서 이해하는 것이다. 그러나 이 구절과 신약성서의 어떤 구절도 정치 권력을 얻기 위한 방법을 다루고 있지 않다. 로마서에서 바울은 종말론적인 열광주의자들을 언급하고 있는 것이지, 혁명적인 정치운동을 언급하고 있는 것이 아니다.

하나님의 나라는—모든 구체적인 상황의 긴장에도 불구하고 모든 특수한 문제들과의 관계 속에서도—역사의 궁극적인 목적을 지향하는 창조적인 해결 방법이 발견되는 방식으로 혁명이 전통으로 세워지는 곳에서만 역사적인 성장의 모호성을 극복할 수 있다.

민주주의 제도의 본질은 정치적인 집중과 성장의 문제와 관련하여 서로 모순되는 이 두 측면들의 진리를 결합하려고 시도한 데에 있다. 여기서 두 측면들은 각각 혁명과 전통에 의해서 대표되는 새로운 것과 옛것이다. 법적인 수단에 의해서 정부를 타도할 수 있는 가능성은 이 두 측면들의 연합이다. 그리고 이것이 성공하는 한, 그것은 역사 속에서 하나님 나라의 승리를 대표해 준다. 왜냐하면 그것은 분열을 극복하기 때문이다. 그러나 이 사실은 민주주의 제도 자체 안에 내재해 있는 모호성들을 제거하지는 못한다. 연방주의적인, 전(前) 절대주의적인 조직의 사회에서 엿볼 수 있는 것처럼 하나의 정치 체계 내에는 전통과 혁명을 결합시키는 다른 방식들이 존재해 왔다. 그리고 우리는 민주주의 제도가 역사의 역동적인 요소와 혁명적인 표현에 있어서는 공공연하게 작용하고 있는 절대주의 보다 더 위험한 것인 대중적인 순응을 생산할 수 있다는 것을 잊어서는 안 된다. 하나님의 나라는 소극적인 불순응주의에 대해서 적대적인 것만큼 확립된 순응주의에 대해서도 적대적이다.

만일 우리가 교회들의 역사를 살펴본다면, 우리는 기독교를 포함하여 종교가 압도적으로 보수적이며 전통주의적인 측면에 서 왔다는 것을 알 수 있다. 종교사의 위대한 순간들, 즉 예언자적 정신이 제사장적인 교리적이고 제의적 전통들에 도전했던 순간들은 예외이다. 생명의 정상적인 성장은 유기적이고 느리며 파멸적인 단절이 없다는 일반적인 법칙에 따르면, 이런 순간들은 비교적 드물다(예를 들어, 유대교의 예언자들, 예수, 사도들, 종교개혁자들). 생명의 이러한 성장 법칙은 주어진 것이 거룩함의 타부로 옷 입혀져 있는, 따라서 주어진 것에 대한 모든 공격이 타부에 대한 파괴로 느껴지는 영역들에서 가장 명백하게 나타나고 있다. 오늘날에 이르기까지의 기독교의 역사는 이런 감정과 그에 따른 전통주의적인 해결의 예들로 가득 차 있다. 그러나 정신적인 힘이 정신적인 혁명을 생산할 때마다 기독교(또한 일반 종교)의 한 단계는 또 다른 단계로 변형되었다. 전통에 대한 예언자적인 공격이 의미있게 행해지기 전까지는 전통에 얽매인 많은 축적이 필요했다. 이것은 왜 종교적인 전통이 종교적인 혁명보다 양적으로 우월한지 그 이유를 설명해 준다. 그러나 성령의 힘에 의한 모든 혁명은 지속적인 전통의 제사장적인 보존과 성장을 위한 새로운 기반을 창조해 내고 있다. 역사의 역동성의 이와 같은 리듬이(이 리듬은 생물학적, 심리학적 영역에서도 비슷하다) 하나님의 나라가 역사 속에서 활동하는 방식이다.

4. 하나님의 나라와 역사적인 자기초월의 모호성

자기초월의 모호성은 역사 속에 실현된 하나님의 나라와 기대된 것으로서 하나님의 나라 사이의 긴장에 의해서 야기되고 있다. 마성적인 결과들은 역사 속에 나타난 역사적 목적의 단편적인 성취를 절대화하는데서 비롯되고 있다. 다른 한편으로는 실현의 의식이 전혀 없다면, 유토피아주의가 냉소주의의 온상이 되고 있는 불가피한 실망과 함께 교대로 나타날 것이다.

그러므로 실현된 성취의 의식이 부정되거나 성취의 기대가 부정된다면, 하나님 나라의 승리는 주어지지 않는다. 우리가 이미 지적했던 것처럼 "세 번째 단계"의 상징은 두 가지 방식으로 사용될 수 있다. 그러나 이것은 또한 역사 속에서 하나님의 나라 현존의 의식과 하나님 나라의 아직 현존하지 않음의 의식을 결합하는 방식으로도 사용될 수 있다. 이것은 초대교회의 문제였다. 그리고 모든 교회사의 문제이기도 하고 자기초월적인 성격을 지니고 있는 세속화된 형태의 역사의 문제이기도 하다. 하나님 나라의 현존과 하나님 나라의 아직 현존하지 않음의 결합의 이론적인 필요성을 고찰하는 것은 비교적 쉬운 일이지만, 그 결합을 교회적인 또는 세속적인 피상적인 만족의 "가운데 길"로 타락시키는 것 없이 살아 있는 긴장의 상태 속에서 유지시킨다는 것은 매우 어려운 일이다. 교회적인 또는 세속적인 만족의 경우에, 그와 같은 상황에 대해서 주로(배타적이 아닐지라도) 책임을 져야만 하는 것은 현상유지에 관심을 가지고 있는 사회집단들의 영향이다. 그리고 현상유지에 대한 비판가들의 반응은 어느 경우에든지 유토피아의 견지에서 "희망의 원리"(에른스트 블로흐)를 다시 주장하도록 만든다. 그러한 기대의 운동에서는 그것이 아무리 비현실적일지라도, 전투하는 하나님의 나라가 사회학적이고 심리학적인 다양한 형태의 자기만족의 힘에 대항하여 승리를 거둔다. 그러나 물론, 이것은 불확실하고 단편적인 승리이다. 왜냐하면 그것의 담지자는 하나님 나라의 단편적이지만 주어져 있는 현존을 무시하는 경향이 있기 때문이다.

  이것이 역사 속에서 하나님 나라의 대표자로서의 교회에 대해서 뜻하는 것은 현존의 의식과 도래의 기대 사이의 긴장을 살아 있게 유지하는 것이 교회의 과제라는 것이다. 수용적인(성례전적인) 교회들의 위험은 그들은 현존을 강조하고 기대를 무시한다는 것이다. 반면에 행동적인(예언자적인) 교회들의 위험은 기대를 강조하고 현존의 의식을 무시한다는 것이다. 이 차이의 가장 중요한 표현은 한 쪽의 개인 구원의 강조와 다른 쪽의 사회변혁의 강조 사이의 대립이다. 그러므로 만일 성례전인 교회가 사회변혁의 원리를 그의 목표로 받아들이거나 행동주의적인 교회가 모든 사회적 조건 하에서 영적인 현존을 선언하고 역사적인 활동의 수평선에 대하여 구원의 수직선을 강조한다면 그것은 역사 속에서 하나님 나라의 승리이다. 그리고 수직선은 일차적으로는 개인으로부터 궁극적인 것에 이르는 선이기 때문에, 역사 속에서 전투하는 하나님의 나라가 어떻게 개인의 역사적인 실존의 모호성을 극복하는 가의 문제가 이어서 제기된다.

5. 하나님의 나라와 역사 속의 개인의 모호성

이 문맥에서 "역사 속의 개인"(individual in history)은 역사의 역동성에 적극적으로 참여하고 있는 개인을 의미한다. 정치적으로 행동하는 사람만이 역사에 참여하고 있는 것은 아니다. 창조의 영역에서 역사의 보편적인 운동에 기여하고 있는 사람은 누구든지 역사에 참여하고 있는 존재이다. 그리고 이것은 정치가 역사적인 실존에 있어서 우월함에도 불구하고 사실이다. 그러므로 모든 사람들이 이 참여의 모호성에 예속되어 있다. 이 참여의 모호성의 근본적인 성격은 역사적인 희생의 모호성에 잘 나타나 있다.

만일 개인이 초월적인 하나님의 나라의 이름으로 자기를 역사에 대한 참여로부터 제외시키려 한다면, 그것은 역사 속에 나타난 하나님 나라의 승리가 아니다. 그것은 불가능할 뿐만 아니라 시도 자체는 개인을 역사적인 집단과 그의 창조적인 자기실현에서 분리시킴으로써 개인에게서 완전한 인간성을 박탈해 버린다. 인간은 역사내적인 하나님 나라의 투쟁에 참여하지 않고서는 초월적인 하나님 나라에 도달할 수 없다. 왜냐하면 초월적인 것은 역사내적인 것 안에서 현실적이기 때문이다. 모든 개인은 역사적인 실존의 비극적인 운명에 던져져 있다. 인간은 그가 갓난아이로 죽든지 아니면 위대한 역사적인 지도자로 죽든지 간에 역사적 실존으로부터 도피할 수 없다. 어느 누구의 운명도 역사적인 조건에 의해 영향받지 않을 수 없다. 그러나 인간의 운명이 직접적으로 그의 적극적인 참여에 의해서 결정되면 될수록, 그 만큼 더 역사적인 희생이 요구된다. 그러한 희생이 성숙하게 받아들여지는 곳마다 하나님의 나라의 승리가 발생해 왔다.

그러나 만일 역사 속의 개인 문제에 대해서 다른 어떠한 대답도 있을 수 없다면, 인간의 역사적인 실존은 무의미하게 될 것이고 "하나님의 나라" 상징도 정당성을 깆지 못할 것이다. 이것은 우리가 "무엇을 위한 희생이냐?"의 물음을 묻자마자 명백해진다. 희생의 목적이 희생이 요구된 사람과 관계 없는 희생은 희생이 아니라 강요된 자기 폐기이다. 진정한 희생은 희생하는 사람을 성취시킨다. 그러므로 역사적인 희생은 정치구조의 힘과 한 집단의 생명과 역사적인 운동의 진보와 인류 역사의 최고 상태보다도 더 많은 것이 성취되고 있는 목표에 자기를 내맡겨야만 한다. 오히려 목표는 그 목표를 위한 희생이 또한 자기를 희생하는 사람의 인격적 성취까지도 생산하는 목표이어야만 한다. 인격적 목표, 즉 "*telos*"는 고대 그리스에서의 '영광', 봉건문화에서의 '명예', 민족주의의 시대에서 '민족과의 신비적인 자기 동일화', 신집단주의의 시대에서 '당과의 자기동일화', 과학주의에서 '진리의 확립', 진보주의에서 '인간의 자기실현의 새로운 단계의 획득'일 수 있다. 또한 이것은 윤리적인 형태의 종교에서 '하나님의 영광', 신비주의적인 형태의 종교적인 경험에서 '궁극적인 일자와의 연합', 고전적인 기독교에서 존재의 신적인 근거와 목적 안에 있는 "영원한 생명"일 수도 있다. 이런 식으로 역사적인 희생과 인격적인 성취의 확실성이 결합되는 곳마다 하나님 나라의 승리가 발생해 왔다. 그리고 역사적인 실존에 대한 개인의 참여는 궁극적인 의미를 획득해 왔다.

이제 우리가 역사의 역동성에 대한 개인의 참여의 궁극적인 의미의 다양한 표현들을 서로 비교한다면, 우리는 그 모든 것을 하나님의 나라의 상징에 의해서 초월할 수 있을 것이다. 왜냐하면 하나님의 나라의 상징은 우주적인, 사회적인, 인격적인 요소들을 결합하고 있기 때문이다. 하나님의 나라의 상징은 하나님의 영광과 하나님의 사랑을 결합하고 있고, 신적인 초월 속에서 창조적인 잠재성의 무한한 다양성을 보여 주고 있다.

이와 같은 고찰은 이 부분의 마지막 장이면서 동시에 전체 신학체계의 마지막 장인 "역사의 목적으로서의 하나님의 나라(또는 영원한 생명으로서의 하나님의 나라)"로 우리를 이끌어간다.

제3장 역사의 목적으로서의 하나님의 나라

I. 역사의 종말 또는 영원한 생명

1. "역사의 종말"의 두 가지의 의미와 종말의 영원한 현존

역사 속의 하나님 나라의 단편적인 승리는 그 성격상 역사 '위'(above)의 하나님의 나라의 비단편적인 측면을 지시한다. 그러나 역사 '위'의 하나님의 나라까지도 역사와 연관되어 있다. 즉, 역사 '위'의 하나님의 나라는 역사의 '종말'(end)이다.

영어의 단어 'end'(끝)는 종결(finish)과 목적(aim)이라는 두 가지 의미를 가지고 있다. 따라서 이 단어 자체는 하나님의 나라의 두 측면, 즉 초월적인 측면과 역사내재적인 측면을 나타내주는 탁월한 도구이다. 우주 발달의 어느 시기에 인류 역사와 지구 위의 생명과 지구 그 자체와 그것이 속해 있는 우주의 단계는 끝에 도달할 것이다. 즉, 그것들은 시간과 공간 속에서 존재하는 것을 멈추게 될 것이다. 이 사건은 우주의 시간적 과정 내의 작은 사건일 것이다. 그러나 'end'는 또한 목적을 의미한다. 라티어의 *finis*와 헬라어의 *telos*는 시간적 과정이 그것의 목적으로서 가리키고 있는 것을 지시하고 있다. 'end'의 첫 번째 의미가 신학적인 중요성을 가지는 것은 단지 그것이 예를 들어 묵시문학이나 성서의 일부 관념들에 주어져 있는 것처럼 역사적인 시간의 끝에 관한 극적인, 초월적인 상징주의를 탈신화화하기 때문이다. 그러나 역사의 생물학적 또는 물리학적 가능성의 끝은 두 번째 의미에서의 역사의 끝이 아니다. 이런 의미의 역사의 끝은 우주(유비적으로 말하자면, 역사)의 보다 광대한 발전 내부에 있는 한 순간이 아니다. 이것은 시간적 과정의 모든 순간들을 초월한 끝이다. 즉, 이것은 시간 자체의 끝 곧 영원이다. 역사의 내적인 목적 또는 역사의 텔로스의 의미로서의 역사의 끝은 "영원한 생명"이다.

"역사의 끝"의 교리에 관한 고전적인 용어는 "종말론"(eschatology)이다. 헬라어의 eschatos는 영어의 end처럼 시간적이고 공간적 의미와 질적이며 평가적 의미를 결합하고 있다. 이것은 시간과 공간의 마지막의 것과 가장 먼 것 그리고 가장 높은 것과 가장 완전한 것, 가장 숭고한 것 모두를 지시한다(또한 이것은 때때로는 가치가 가장 낮은 것, 극단적으로 부정적인 것을 지시하기도 한다). 만일 "종말론" 즉 "마지막의 것의 교리" 또는 "마지막 일들의 교리"가 사용된다면, 그러한 의미들이 나타나게 된다. 이 용어의 가장 직접적이고 가장 원시적인 신화적 의미는 "모든 날들의 사슬의 마지막"이다. 이 날은 시간적 과정을 구성하는 모든 날들 전체에 속한다. 이 날은 전체 날들 중 하루이다. 그러나 그 날 뒤에는 다른 날이 없을 것이다. 그 날에 발생하는 모든 사건은 "마지막 일들"(ta eschata)이라고 불린다. 이런 의미의 종말론은 모든 날들의 마지막 날에 발생할 것에 관한 묘사이다. 시적, 극적, 회화적 상상력이 묵시문학에서부터 최후의 심판과 지옥과 천국의 회화에 이르기까지 그러한 묘사를 풍부하게 제공해 주고 있다.

그러나 여기서 우리의 문제는 다음과 같은 것이다. "이 모든 상상의 신학적인 의미는 무엇인가?"(여기서 이 상상은 결코 유대교나 기독교의 것만은 아니다). 나는 *eschatos*의 질적인 의미를 강조하기 위해서 단수 *eschaton*을 사용하고자 한다. 종말론의 신학적인 문제는 발생할지도 모르는 많은 것들에 의해서 구성되는 것이 아니라 하나의 '것'에 의해서 구성되는 것이다. 여기서 하나는 하나의 사물이 아니고 영원한 것에 대한 시간적인 것의 관계를 나타내 주는 상징적인 표현이다. 보다 특수하게 말하면, 그것은 시간적인 것으로부터 영원한 것으로의 '전이'(transition)를 상징한다. 그리고 창조론의 영원한 것으로부터 시간적인 것으로의 전이, 타락론의 본질로부터 실존으로의 전이, 구원론의 실존으로부터 본질로의 전이와 유사한 은유이다.

종말론의 문제는 *eschata*에서 *eschaton*으로의 환원에 의해서 직접적이고도 실존적인 의의를 부여받게 된다. 이것은 시간과 공간의 무한히 먼(또는 가까운) 파멸에 관한 상상적인 문제이기를 그만두고, 매 순간 영원한 것(비록 시간의 특정한 양태를 통해서 나타난 영원한 것일지라도)앞에 서 있는 우리 자신에 관한 표현이 된다. 미래의 양태는 모든 종말론적인 상징주의에 나타나고 있다. 이것은 마치 과거의 양태가 모든 창조적인 상징주의에 나타나고 있는 것과 같은 것이다. '하나님은 세계를 창조'하셨다.' 그리고 하나님은 세계를 그것의 종말로 이끌어 '갈 것이다.' 그러나 양쪽의 경우에 시간과 영원의 관계가 상징되고 있지만 상징의 실존적인, 따라서 신학적인 의미는 서로 다르다. 만일 과거의 양태가 시간과 영원의 관계에 대해서 사용된다면, 피조된 실존의 의존성이 지시된다. 반면에 미래의 양태가 사용된다면, 영원 속에서의 피조된 실존의 성취가 지시된다.

과거와 미래는 현재에서 만난다. 그리고 이 둘은 영원한 '지금'(now) 속에 포함되어 있다. 그러나 과거와 미래는 현재에 의해서 삼켜지지 않는다. 과거와 미래는 그들의 다양한 독립된 기능들을 가지고 있다. 신학의 과제는 그들이 속해 있는 전체 상징주의와의 통일성 속에서 이 기능들을 분석하고 기술하는 것이다. 이런 식으로 *escha-ton*은 그것의 미래적인 차원을 잃어버리는 것 없이 현재적인 경험의 문제가 된다. 즉, 우리는 '지금' 영원 앞에 서 있다. 그러나 우리는 역사의 종말을 바라보면서 그리고 시간적인 모든 것의 종말을 영원 속에서 바라보면서 지금 영원 앞에 서 있다. 이것은 종말론적 상징에 긴급함과 진지함을 부여해 줄뿐만 아니라 기독교의 설교와 신학적인 사상이 종말론을 완성된 체계의 부록으로 다루는 것을 불가능하게 만들고 있다. 이것은 결코 개인의 종말과 관련해서는 행해지지 않았다. 즉 죽은 자의 추모예배(*memento mori*) 설교는 교회에서 언제나 중요한 것이었다. 그리고 개인의 초월적인 운명은 언제나 고도의 신학적인 관심의 문제였다. 그러나 영원에 있어서 역사의 종말의 문제와 우주의 종말 문제는 드물게 질문되었지만 진지하게 대답되지는 않았다. 종말론의 모든 문제에 대해서 열렬한 관심을 불러일으킨 것은 바로 20세기 전반부의 역사적인 파국과 20세기 중반부 이후의 인간의 자기멸절의 위협이었다. 그리고 여기서 말하지 않으면 안 되는 것은 역사와 우주의 종말에 대한 고찰이 없으면 개인의 영원한 운명의 문제도 대답될 수 없다는 것이다.

2. 시간적인 것이 영원 속으로 고양되는 것(elevation)으로서의 역사의 종말

우리가 앞에서 살펴본 것처럼, 역사는 질적으로 새로운 것을 창조하고 궁극적으로 새로운 것을 향해서 달려간다. 그러나 역사는 그 자체 내에서는 그것을 얻을 수 없다. 왜냐하면 궁극적인 것은 모든 시간적인 순간을 초월하기 때문이다. 역사의 성취는 영원히 현존하는 역사의 끝에 놓여 있다. 이 끝은 하나님의 나라의 초월적인 측면, 즉 영원한 생명이다.

영원이라고 불리우는 생명의 내용은 무엇인가? 또는 초월적인 성취 속에서 하나님에 의해서 다스려지는 하나님 나라의 내용은 무엇인가? 이와 같은 물음에 대해서는 세 가지 대답이 있을 수 있다. 첫 번째는 대답을 거부하는 것이다. 왜냐하면 그것은 접근할 수 없는 신비, 즉 하나님의 영광의 신비로 생각되기 때문이다. 그러나 종교는 언제나 이 한계를 돌파해 왔다. 그리고 신학은 이 한계를 반드시 돌파해야만 한다. 왜냐하면 '생명'과 '나라'는 종교사 속에 또는 궁극적인 것의 세속적인 표현들 속에 나타났던 다른 것들과는 구별되는 구체적이면서도 특수한 상징들이기 때문이다. 만일 구체적인 상징이 사용된다면, 그 상징의 의미에 대한 전적인 침묵은 허용될 수 없는 것이다.

또 하나의 대답, 즉 통속적인 상상력이나 초자연주의적인 신학(통속적인 상상력의 개념적인 동료)의 대답은 정반대이다. 이 상상력이나 초자연주의적인 신학은 초월적인 나라에 대해서 매우 많은 것을 알고 있다. 왜냐하면 이들은 우리가 역사 속에서 또는 실존의 보편적인 조건들 하에서 경험하는 삶의 이상화된 반복을 거기에서 보기 때문이다. 이 이상화된 반복의 특징은 우리에게 잘 알려져 있는 성격들, 예를 들어 유한성, 악, 소외 등과 같은 생명의 부정적인 성격들이 제거되어 있다는 것이다. 여기서는 인간과 인간 세계의 본질적 본성에서 비롯된 모든 희망들이 성취되어 있다. 실제로 통속적인 희망의 표현들은 본질적으로 정당한 희망의 한계들을 훨씬 넘어서고 있다. 통속적인 희망의 표현들은 시간적인 삶의 모든 모호한 내용들과 그것들이 불러낸 욕망들을 초월적인 영역에 투영한 것이다. 그와 같은 초자연적인 영역은 역사와 우주의 발달과는 어떠한 직접적인 관계도 가지고 있지 않다. 초자연적인 영역은 영원 속에서 확립된다. 그리고 인간 실존의 문제는 인간 개개인들이 초월적인 영역에 들어갈 수 있는지 그리고 들어간다면 어떤 방식으로 들어갈 수 있는지가 주요 문제가 된다. 역사는 인간의 지상적 삶의 중요한 요소로서만 평가된다. 역사는 개인이 그 속에서 결단하지 않으면 안 되는 유한한 구조이다. 그리고 역사는 개인의 구원과는 연관이 있지만 역사를 초월해 있는 하나님의 나라와는 아무런 연관이 없다. 이것은 명백하게 역사로부터 궁극적인 의미를 박탈하는 것이다. 말하자면, 역사는 개인이 그곳으로부터 천상적 영역으로 옮겨지는 지상적인 영역일 뿐이다. 역사적인 활동은 아무리 진지하게 정신적으로 수행될지라도 하늘나라에 아무런 공헌도 하지 못한다. 심지어 교회들도 개인들의 구원의 기관이지 새로운 존재의 실현이 아니다.

역사와 영원한 생명의 관계에 대한 물음에는 세 번째 대답이 존재한다. 이것은 "하나님의 나라"의 상징에 대한 역동적이고 창조적인 해석에 상응하는 것이며, 시간과 영원의 관계에 대한 반초자연주의적 또는 역설적인 이해에 상응하는 것이다. 세 번째 대답의 기본적인 주장은 언제나 현존하는 역사의 목적은 역사의 긍정적인 내용을 영원으로 높이는 동시에 그것은 부정적인 것을 영원에 대한 참여로부터 배제한다는 것이다. 그러므로 역사 속에서 창조된 것은 어느 것도 상실되지 않는다. 그러나 이것은 실존 속에서 얽힌 부정적인 요소로부터 해방된다. 역사가 영원으로 높여질 때 긍정적인 것은 명백하게 긍정적인 것으로 나타나게 되고 부정적인 것은 부정적인 것으로 밝히 나타나게 된다. 그 다음에 영원한 생명은 그것의 부정적인 왜곡들로부터 해방되었거나 그 가능성들을 성취시킨 역사의 긍정적인 내용을 포함하게 된다. 이 주장에서 역사는 일차적으로는 인간의 역사이다. 그러나 생명의 모든 영역에는 역사적인 차원이 있기 때문에, 모든 영역들이 정도의 차이는 있지만 이 주장에 포함된다. 생명은 보편적으로 하나의 목표를 향하여 움직이고 있으며, 그것은 언제나 현존하는 궁극적인 목표, 즉 영원한 생명으로 높여지고 있다.

상징적인 언어로 말하자면, 생명은 모든 피조물 속에서 그리고 인류 역사 속에서는 특별한 방식으로 매 순간 하나님 나라와 그 나라의 영원한 생명에 기여하고 있다. 시간과 공간 속에서 발생한 것은, 그것이 물질의 가장 작은 미립자 속에서 발생한 것이거나 가장 위대한 인물에게서 발생한 것이든 간에 영원한 생명에게 있어서 중요한 것이다. 그리고 영원한 생명은 하나님의 생명에 대한 참여이기 때문에, 모든 유한한 발생은 하나님에게 있어서 중요한 것이다.

창조는 끝을 향한 창조이다. 즉, '근거'에는 '목표'가 현존한다. 그러나 시작과 끝 사이에는 새로운 것이 창조된다. 존재의 신적인 근거와 관련해서 우리는 창조된 것은 잠재적으로 존재의 근거 안에 뿌리들 두고 있기 때문에 그것은 새로운 것이 '아니다'라는 것과 동시에 창조된 것의 현실성은 운명과 결합된 자유에 근거하고 있고 또한 자유는 실존 속의 모든 새로움의 전제조건이기 때문에 그것은 새로운 것'이다'라는 것을 말해야만 한다. 필연적인 결과는 새로운 것이 아니다. 즉, 그것은 단지 옛것의 변형에 지나지 않는다(그러나 '변형'이라는 용어까지도 새로움의 요소를 지시해 준다. 완전한 결정은 변형조차도 불가능하게 만들 것이다).

3. 부정적인 것이 부정적인 것으로 노출되는 것(exposure)으로서의 역사의 종말: "궁극적인 심판"

실존의 긍정적인 것으로부터 영원한 생명으로의 높임은 실존의 조건 안에서 생명의 특징인 부정적인 것과의 모호한 혼합으로부터 긍정적인 것의 해방을 의미한다. 종교사는 이러한 관념의 상징들로 가득 차 있다. 예를 들어, 유대교, 기독교, 이슬람교의 최후의 심판의 상징과 힌두교, 불교의 인과응보(karma)의 법칙 안에서 윤회의 상징이다. 이 모든 경우에 심판은 개인에게만 국한되지 않고 우주를 포함하고 있다. 헬라와 페르시아의 하나의 우주의 완전한 연소와 또 다른 우주 탄생의 상징은 종말에 있어서의 부정적인 것의 부정이 보편적인 성격을 나타내 주고 있다. 헬라어의 심판(*krinein*, 분리하다)이라는 단어는 가장 적절하게 보편적인 심판의 본성을 지시하고 있다. 이것은 선을 악으로부터, 진리를 거짓으로부터 수용된 것을 거부된 것으로부터 분리하는 행위이다.

우리가 역사의 종말을 언제나 현존하는 것으로서 또는 영원으로의 역사의 영구적인 높임으로서 이해할 때, 궁극적인 심판의 상징은 다음과 같은 의미를 가지게 된다. 지금 여기서 시간적인 것과 영원한 것으로의 영원한 전이 속에서 부정적인 것은 그것이 긍정적인 것이라는 그 자체의 주장에 의해서 무너진다. 여기서 부정적인 것은 긍정적인 것을 사용함으로써만 또는 긍정적인 것과 모호하게 혼합됨으로써만 자신의 주장을 지지할 수 있다. 이런 식으로 부정적인 것은 자신이 긍정적인 것이라는 모습을 만들어 낸다(예를 들어, 질병, 죽음, 거짓말, 파괴, 살인, 악 일반). 하지만 긍정적인 것으로서의 악의 출현은 영원의 면전에서는 사라져 없어진다. 이런 뜻에서 하나님의 영원한 생명은 "'태우는 불'(burning fire)이라고 일컬어진다. 이 불은 긍정적인 체 하지만 긍정적인 것이 아닌 것을 태워 버린다. 그러나 긍정적인 것은 어느 것도 태울 수 없다. 어떤 심판의 불도, 심지어 하나님의 진노의 불도 그것을 태울 수는 없다. 왜냐하면 하나님은 자기 자신을 부정할 수 없기 때문이다. 그리고 모든 긍정적인 것은 존재 자체의 표현이기 때문이다. 또한 순전히 부정적인 것은 존재하지 않기 때문에(부정적인 것은 그것이 왜곡하는 긍정적인 것으로부터 산다) 존재를 가지고 있는 어떤 것도 궁극적으로는 멸절될 수 없다. 존재하는 것은 어느 것도 그것이 존재하는 한 영원으로부터 배제될 수 없다. 하지만 그것이 비존재와 혼합되어 있고 아직 비존재로부터 해방되어 있지 않는 한 그것은 배제될 수 있다.

이것이 개인에게 있어서 무엇을 의미하는지의 문제는 다음에 논의할 것이다. 여기서는 우리는 자연스럽게 다음과 같은 물음을 논의할 수 있다. 시간적인 것으로부터 영원한 것으로의 전이는 어떻게 발생하는가? 시간으로부터 영원으로의 전이 속에서 인간 이외의 사물들과 존재들은 어떻게 되는 것인가? 이 전이 속에서, 부정적인 것은 어떻게 그 부정성에서 폭로되고 소멸(annihilation)되는가? 만일 긍정적인 것이 아무것도 부정되지 않는다면, 정확하게 무엇이 부정되는가? 이와 같은 물음들은 단지 전체 신학체계의 주요 개념들(존재, 비존재, 본질, 실존, 유한성, 소외, 모호성 등)과 중심적인 종교적인 상징들(창조, 타락, 마성적인 것, 구원, 아가페, 하나님의 나라 등)의 맥락에서만 대답될 수 있다. 그렇지 않으면 대답은 단순한 의견이나 번득이는 통찰과 (계시적인 힘은 가지고 있지만 개념적인 힘은 가지고 있지 않은) 단순한 시가 되고 말 것이다. 현재의 신학체계의 맥락에서는 다음과 같은 대답이 가능할 것이다. 시간적인 것으로부터의 영원한 것으로의 전이, 즉 시간의 '종말'은—마치 창조가 시간적인 사건이 아닌 것처럼—시간적인 사건이 아니다. 시간은 창조된 유한한 것의 형식이고(이로써 시간은 창조된 유한한 것과 함께 창조되었다) 영원은 창조된 유한한 것의 내적 목표, 즉 텔로스로서 영원히 유한한 것을 그 자신 안으로 높인다. 우리는 대담한 은유를 사용해서 다음과 같이 말할 수도 있다. 시간적인 것은 계속적인 과정 속에서 '영원한 기억'(eternal memory)이 된다. 그러나 '영원한' 기억은 기억된 것의 살아 있는 보존이다. 이것은 시간의 세 가지 양태의 초월적인 통일 속에서 과거와 현재와 미래가 함께 있는 것이다. 그 이상의 것은—시적인 환상을 제외하고는—아무것도 말해질 수 없다. 그러나 말해질 수 있는 것이 (대부분 부정적인 견지에서 말해진 것이지만) 아무것도 없다는 것은 시간과 영원에 대한 우리의 이해에 중요한 결론을 가질 수 있다. 영원은 사물의 미래 상태가 아니다. 영원은 언제나(그것을 의식하고 있는) 인간 안에 현존하고 있을 뿐만 아니라 전체 존재 속에서 존재를 가지고 있는 모든 것 안에도 현존하고 있다. 그리고 시간에 관해서 우리가 말할 수 있는 것은, 시간의 역동성은 앞을 향하여 움직일 뿐만 아니라 위를 향해서도 움직인다는 것과 이 두 운동은 곡선으로 결합되고 이 곡선은 앞을 향하여 움직이는 동시에 위를 향하여 움직인다는 것이다.

두 번째 물음은 이 장의 주된 주장(시간적인 것으로부터 영원한 것으로의 전이에서는 부정적인 것이 부정된다)의 설명을 요구한다. 만일 우리가 "영원한 기억"이라는 은유를 다시 사용한다면, 우리는 부정적인 것은 살아 있는 보존의 의미에서 영원한 기억의 대상이 될 수 없다고 말할 수 있다. 또한 이것은 잊어질 수도 없다. 왜냐하면 잊는다는 것은 적어도 기억의 순간을 전제로 하기 때문이다. 부정적인 것은 전혀 기억될 수 없다. 부정적인 것은 그것의 본질, 즉 비존재로 인정된다. 그럼에도 이것은 영원히 기억되는 것에 아무런 영향도 끼치지 않는 것은 아니다. 이것은 영원한 기억 속에 극복된 것으로서 또는 벌거벗은 무(naked nothingness, 예를 들어, 거짓말) 속에 내던져져 있는 것으로서 현존한다. 이것은 상징적으로 궁극적인 심판이라고 불리는 것의 정죄적인 측면이다. 또다시 우리가 고백해야만 하는 것은 이처럼 압도적이며 부정적인 주장 이외에는—시적인 언어를 제외하고서—그 어떤 것도 우주의 심판에 대해서 말해질 수 없다는 것이다. 그러나 궁극적인 심판의 구원적인 측면에 대해서는 무엇인가가 말해지지 않으면 안 된다. 우주의 긍정적인 것이 영원한 기억의 대상이라는 주장은 이 문맥의 '긍정적인'이라는 용어의 설명을 요구한다. 그것의 직접적인 의미는 그것은 참된 실재성 (즉, 한 사물의 창조된 본질)을 가지고 있다는 것이다. 이것은 또 다른 문제로 우리를 인도한다. 어떻게 긍정적인 것은 본질적인 존재와 관계를 가지고 있으면서 또한 대조적으로 실존적인 존재와도 관계를 가지고 있을 수 있는가? 다소 플라톤적인 첫 번째 대답은 영원으로 높여진 존재는 한 사물의 본질로의 되돌아감을 포함한다는 것이다. 이것이 쉘링이 말한 '본질화'(essentialization)이다. 이 용어는 실존의 조건 안에 있는 현실적인 모든 것의 제거를 포함하는 단순한 본질성 또는 잠재성의 상태로의 되돌아 감을 의미할 수 있다. 이와 같은 본질화의 개념은 이스라엘에서 태어난 종교들보다는 인도에서 태어난 종교들에 보다 적절한 개념이 될 것이다. 전체 세계 과정은 어떠한 새로운 것도 만들어 낼 수 없을 것이다. 그것은 본질적인 존재로부터의 떨어짐과 본질적인 존재로의 되돌아 감의 성격을 가질 것이다. 그러나 '본질화' 라는 용어는 또한 시간과 공간에서 실현된 새로운 것은 실존 속에서 창조된 긍정적인 것과 결합하여 본질적인 존재에 무엇인가를 첨가할 수 있고 이로써 시간적인 삶에서처럼 단편적으로서가 아니라 전체적으로 하나님의 나라의 완성에 기여하는 것으로서의 궁극적으로 새로운 것, 즉 "새로운 존재"를 만들어 낼 수 있다는 것을 의미할 수 있다. 이러한 사상은—그것이 아무리 은유적으로 부적절하게 표현될지라도—시간과 공간의 모든 결단과 창조에 무한한 중요성을 부여해 주고 "궁극적 심판"의 상징의 진지성을 확증해 준다. 영원한 생명에 대한 참여는 어떤 존재의 본질적인 본성과 그 존재가 그의 시간적인 실존 속에서 만들어 낸 것과의 창조적인 종합에 의존하는 것이다. 부정적인 것이 본질적인 본성의 소유를 주장하는 한, 부정적인 것은 그것의 부정성 속에서 노출되고 영원한 기억으로부터 배제된다. 반면에 본질적인 것이 실존적인 왜곡을 극복하는 한, 본질적인 것의 위치는 영원한 생명 속에서 더욱 높아진다.

4. 역사의 종말과 생명의 모호성들의 궁극적인 극복

궁극적인 심판 안에서 부정적인 것의 노출과 배제로 생명의 모호성들이 하나님 나라의 역사내적인 승리에서처럼 단편적으로 극복될 뿐만 아니라 총체적으로도 극복된다. 궁극적인 완전의 상태는 단편적인 완전의 규범인 동시에 생명의 모호성들의 기준이기 때문에, 궁극적인 완전을 지시하는 것은 필요한 일이 아닐 수 없다. 물론, 종말론적인 상징을 개념화하려는 모든 시도들은 부정적이며 은유적인 언어를 사용하지 않으면 안 된다.

존재의 세 가지 대극성들과 그리고 이에 상응하는 생명의 세 가지 기능들과 관련하여, 우리는 영원한 생명의 자기통합, 자기창조, 자기초월의 의미를 묻지 않으면 안 된다. 영원한 생명은 하나님 나라의 완성과 동일한 것이기 때문에, 이것은 생명의 모호성의 비단편적이고 총체적이며 완전한 극복이다. 또한 이것은 생명의 모든 차원들에서 그리고-다른 은유를 사용하여 말한다면-존재의 모든 단계에서 그러하다.

그렇다고 할 때 논의해야 할 첫 번째 문제는 영원한 생명의 특징으로서 모호하지 않은 자기통합은 무엇을 의미하는가이다. 이에 대한 대답은 존재의 구조의 대극적인 요소의 첫 번째 쌍, 즉 개체화와 참여를 지시한다. 영원한 생명에서 이 두 극은 완전한 균형(perfect balance) 속에 있다. 이 두 극은 그들의 대극적 대립을 초월해 있는 것, 즉 신적인 중심 속에서 결합되어 있다. 이 신적인 중심성은 존재의 힘들을 죽은 동일성으로 폐기시키는 것 없이 그들의 세계를 포함하고 있다. 우리는 여전히 두 극의 자기통합에 대해서 말할 수 있다. 물론, 두 극의 통합은 심지어 신적인 중심의 중심화된 통일성 속에서도 이들은 자기관계성을 잃지 않는다는 것을 포함한다. 영원한 생명도 생명이다. 그리고 우주적 중심성은 개체적 중심을 해체하지 않는다. 이것이 영원한 생명의 의미의 물음에 대한 첫 번째 대답이다. 이 대답은 또한 비단편적이고 모호하지 않은 사랑의 생명인 성취된 하나님의 나라를 특징짓기 위한 첫째 조건을 제공해 주는 대답이다.

두 번째 물음은 영원한 생명의 특징으로서의 모호하지 않은 자기

창조의 의미는 무엇인가 이다. 이에 대한 대답은 존재의 구조의 대극적인 요소의 두 번째 쌍, 즉 역동성과 형식을 지시한다. 영원한 생명에서 이 두 극은 또한 완전한 균형 속에 있다. 이 두 극은 그들의 대극적 대립을 초월해 있는 것, 즉 신적인 창조성 속에서 결합되어 있다. 이 신적인 창조성은 유한한 창조성을 자신의 기술적인 도구로 만드는 것 없이 유한한 창조성을 포함하고 있다. 자기창조성의 '자기'는 성취된 하나님의 나라에 보존되어 있다.

세 번째 물음은 영원한 생명의 특징으로서 모호하지 않은 자기초월의 의미는 무엇인가 이다. 이에 대한 대답은 존재 구조의 대극적인 요소의 세 번째 쌍, 즉 자유와 운명을 지시한다. 영원한 생명에서 이 두 극은 또한 완전한 균형 속에 있다. 이 두 극은 그들의 대극적 대립을 초월해 있는 것, 즉 신적인 자유 속에서 결합되어 있다. 이 신적인 자유는 신적인 운명과 동일한 것이다. 이 신적인 자유의 힘 속에서 모든 유한한 존재는 자기 자신을 초월하여 자유와 운명의 궁극적인 통일성 속에서 신적인 운명의 성취를 향하여 나아간다.

앞에서 말한 영원한 생명에 대한 은유적 '묘사들'은 인간 정신의 차원을 포함하여 모든 차원의 생명의 세 가지 기능들을 언급한 것이었다. 그러나 인간정신의 세 가지 기능들을 영원한 생명과의 관계 속에서 별도로 다루는 것 또한 중요한 일이 아닐 수 없다.

여기서 주장되어야만 하는 기본적인 명제는 역사의 종말에서 세 가지 기능들, 즉 도덕, 문화, 종교는 특수한 기능으로서는 종말에 다다르게 된다는 것이다. 영원한 생명은 도덕의 종말이다. 왜냐하면 거기에는 당위적인 것이 없고 동시에 당위적이지 않은 것도 없기 때문이다. 본질화가 있는 곳에는 율법이 없다. 왜냐하면 율법이 요구하는 것은 실존 속에서 창조적으로 풍부해지고 있는 본질 이외에 아무것도 아니기 때문이다. 우리가 영원한 생명을 보편적이고 완전한 사랑의 생명이라고 부를 때 우리는 그와 똑같은 것을 주장하고 있는 것이다.

왜냐하면 사랑은 율법이 요구하는 것보다 먼저 행하는 것이기 때문이다. 다른 언어를 사용하여 말한다면, 우리는 영원한 생명에서는 개별적인 인격의 중심이 모든 것을 포괄하고 있는 신적인 중심 속에서 안식을 누리고 신적인 중심을 통해서 다른 모든 인격적 중심들과 교제를 나눈다고 말할 수 있다. 그러므로 다른 인격들을 인격으로 인정하고, 보편적인 통일성의 소외된 부분들인 다른 인격들과 결합하라고 요구할 필요가 없다. 영원한 생명은 도덕의 종말이다. 왜냐하면 도덕이 요구했던 것이 그 안에서 성취되어 있기 때문이다.

또한 영원한 생명은 문화의 종말이다. 문화는 정신의 차원의 생명의 자기창조로서 정의되었다. 그리고 문화는 현실을 파악하는 *theoria*와 현실을 형성하는 *praxis*로 구분되었다. 우리는 이미 영적인 현존의 교리와 관련해서 이런 구분의 제한된 타당성을 언급했다. 영원한 생명에는 제4복음서의 의미에서 '행해지지' 않은 진리는 있을 수 없다. 그리고 또한 현실이 아닌 미학적인 표현도 있을 수 없다. 이 뿐만 아니라 정신적인 창조로서의 문화는 동시에 영적인 창조가 된다. 영원한 생명에서 인간 정신의 창조성은 하나님의 영에 의한 계시이다. 이것은 영적인 공동체에서 이미 단편적으로 계시된 것과 같다. 인간의 창조성과 하나님의 자기현현은 성취된 하나님의 나라에서는 하나이다. 문화가 인간의 독립된 기획인 한, 문화는 역사의 종말에서 종말에 다다르게 된다. 문화는 성령의 유한한 담지자를 통해서 영원한 하나님의 자기현현이 된다.

끝으로, 역사의 종말은 종교의 종말이다. 성서적 용어로는, 이것은 "하늘의 예루살렘"의 설명 속에 표현되어 있다. "하늘의 예루살렘"은 하나님이 그곳에 살고 계시기 때문에 성전이 필요 없는 도시이다. 종교는 존재의 근거로부터 소외되어 있는 인간 소외의 결과이며 또한 그 근거로 되돌아가려는 인간들의 시도의 결과이다. 이 되돌아감은 영원한 생명 안에서 일어나고 있다. 그리고 하나님은 모든 것 안에서 모든 것 되시고, 모든 것에 모든 것 되신다. 세속적인 것과 종교적인 것 사이의 틈은 극복된다. 영원한 생명에는 종교가 있을 수 없다.

그러나 이제 다음과 같은 문제가 제기된다. 어떻게 영원한 것의 성취가 그것 없이 어떠한 생명도 생각할 수 없는 부정의 요소와 결합될 수 있는가? 이 문제는 감정의 영역에 속하는 개념, 하지만 존재 및 비존재와 영원한 생명 사이의 문제를 포함하고 있는 개념, 즉 하나님의 생명에 적용된 것으로서의 축복(blessedness)의 개념을 고찰함으로써 가장 잘 대답될 수 있다.

5. 부정적인 것의 영원한 극복으로서의 영원한 축복

'축복'(makarios, beatus)의 개념은 하나님의 영에 붙잡힌 사람들에게 단편적으로 적용될 수 있다. 이 말은 영적인 현존이 다른 차원의 부정성들에 의해서 훼손될 수 없는 성취의 감정을 창출해 낸 마음의 상태를 지시한다. 육체적 고통과 심리적 고통도 축복받은 존재의 "초월적인 행복"을 파괴시킬 수 없다. 유한한 존재에게 이러한 긍정적인 경험은 언제나 그 반대의 것, 즉 불행, 절망, 정죄의 의식과 결합되어 있다. 이 "부정적인 것의 부정"이 축복에 역설적인 성격을 부여해 주고 있다. 그러나 이것이 영원한 축복에 대해서 말할 때도 마찬가지인 것인지의 물음이 제기된다. 왜냐하면 부정성의 요소가 없다면 생명도 축복도 상상될 수 없기 때문이다.

"영원한 축복"이라는 하나님의 생명과 그것에 참여한 사람들의 생명 모두에 적용되고 있다. 하나님의 경우와 인간의 경우에도 우리는 영원한 축복의 삶을 가능케 만드는 부정성이 무엇인지를 묻지 않으면 안 된다. 이 문제는 과정철학자들에 의해서 진지하게 제기되었다. 만일 우리가 하나님의 '과정'(becoming)에 대해서 말한다면, 우리는 부정적인 요소를 도입하게 된다. 즉, 우리는 과정의 모든 순간에 배후에 남겨져 있는 것의 부정의 문제를 제기하게 된다. 그러한 신론에서는 생명이 가장 두드러지게 하나님에게 돌려지고 있다. 그러나 이 기초 위에서 하나님의 영원한 축복의 관념을 설명한다는 것은 어려운 일이다. 왜냐하면 영원한 축복의 개념에는 완전한 성취가 포함되어 있기 때문이다. 단편적인 성취는 일시적인 축복을 창조할 수는 있지만 영원한 축복을 창조할 수는 없다. 그리고 신적인 축복의 모든 한계는 하나님의 신성의 제한이 될 것이다. 과정철학자들은 후회하고, 고생하고, 인내하고, 고통당하고, 희생하는 것이 하나님에게 돌려지고 있는 성서적 진술들을 언급할 수 있다. 살아 계신 하나님의 비전에 대한 그러한 표현들은 교회에 의해서 거부된 관념, 즉 성부 하나님이 그리스도의 고난 속에서 고난을 당하셨다는 소위 성부수난설로 나아가고 있다. 그러나 이러한 주장은 너무도 분명하게 신학의 기초적인 교리인 하나님의 수난불가능성과 모순되는 것이다. 교회의 판단에 의하면, 이것은 하나님을 열정적인 또는 고통당하는 헬라의 신화의 신들의 수준으로 끌어내리는 것이다. 그러나 성부수난설의 거부는 하나님의 생명의 축복에 있어서의 부정적인 것의 문제를 해결하지는 못한다. 오늘날의 신학은—아주 소수의 예외는 있지만—이 문제를 무시함으로써 또는 불가사의한 하나님의 신비라고 부름으로써 문제를 전적으로 피하려고 한다. 그러나 이러한 도피는 가장 실존적인 신정론의 문제에 대해서 이 문제가 차지하고 있는 중요성을 고려해 볼 때 불가능한 것이다. "한계상황"의 사람들은, 만일 그것이 다른 부분들에서 예를 들어 하나님의 전능이나 항상 현존하는 하나님의 사랑에 대한 교회의 가르침에서 사용되지 않는다면 이 부분에서의 하나님의 신비로의 도피를 수용하지 않을 것이다. 여기서 교회의 가르침은 실존의 부정성에 대한 일상적인 경험의 빛 속에서 수행된 해석을 요구하고 있다. 만일 신학이 그러한 실존적인 문제에 대답하기를 거부한다면, 신학은 그의 과제를 도외시하는 것이 된다.

신학은 과정철학자들의 문제를 진지하게 다루지 않으면 안 된다. 신학은 영원한 축복의 교리를 그것이 없이는 생명이 불가능하고 축복도 축복이기를 그만두는 부정의 요소와 결합하기 위해서 노력해야만 한다. 하나님의 생명의 영원성에서 부정적인 요소를 필요로 하는 것은 축복의 본성 그 자체이다.

이것은 다음과 같은 근본적인 주장으로 인도한다. 하나님의 생명은 부정적인 것의 영원한 극복이다. 이것이 하나님의 생명의 축복이다. 영원한 축복은 부동의 완전의 상태가 아니다. 과정철학자들이 이 개념을 거부한 것은 옳았다. 그러나 하나님의 생명은 전투와 승리를 통한 축복이다. 만일 우리가 어떻게 축복이 진지한 전투의 본성에 속하는 위험이나 불확실성과 결합될 수 있는지를 묻는다면, 우리는 그리스도의 유혹의 심각성의 장에서 논의되었던 것을 기억해야만 할 것이다. 그 때의 논의에서 유혹의 심각성과 하나님과의 교제의 확실성이 양립할 수 있는 것으로서 묘사되었다. 이것은 하나님의 자기 자신과의 영원한 동일성의 유비일 수 있다(아니 유비 이상일 수 있다). 즉, 이것은 하나님이 자신으로부터 실존의 부정성과 생명의 모호성으로 나가는 것과 모순되지 않는다. 하나님은 그의 자기 변화 속에서도 그의 동일성을 잃지 않으신다. 이것이 바로 영원한 축복의 역동적인 관념의 토대이다.

영원한 축복은 또한 하나님의 생명에 참여한 사람들에게도 돌려진다. 물론, 이것은 인간에게만이 아니라 존재를 가지고 있는 모든 것에게 해당되는 것이다. "새 하늘과 새 땅"은 성취된 하나님의 나라의 축복의 보편성을 지시한다. 다음 장에서는 영원과 개인의 관계가 논의될 것이다. 여기서 우리는 다음과 같은 물음을 묻지 않으면 안 된다. 영원한 축복은 인간 곁에 있는 우주에 대해서는 무엇을 의미하는가? 성서 문헌에는 자연이 하나님의 영광을 나타내고 찬양하는 데 참여하고 있다는 관념을 지시하는 구절들이 많이 있다. 그러나 다른 구절들에서는 동물들이 하나님의 돌보심에서 배제되는 곳이 있고(바울) 인간의 비참함이 인간이 꽃이나 동물들보다 낫지 못하다는 사실 속에서 이해되는 곳도 있다(욥). 첫 번째 그룹의 표현들에서는 자연이 어느 정도 신적인 축복에 참여하고 있는(묵시문학의 환상 속에서 상징적으로 표현되고 있는 것처럼) 반면에 두 번째 그룹에서는 자연과 인간이 모두 영원으로부터 배제되고 있다(대부분의 구약성서). 우리가 앞에서 말했던 '본질화'의 노선을 따르면, 가능한 해결책은 모든 것들이-모든 것들이 선하게 창조되었기 때문에-그들의 본질에 따라서 하나님의 생명에 참여하고 있다는 것일 것이다(이것을 후기플라톤 학파의 경우에서처럼 본질은 신의 마음 안에 있는 영원한 이데아라는 학설과 비교해 보라). 바울이 말한 것처럼 실존의 조건 하에 있는 자연의 갈등이나 고통과 구원에 대한 자연의 동경(롬 8장)은 존재하고 있는 모든 것들 속에 있는 부정적인 것이 부정된 이후에 본질적인 존재의 풍부함에 기여하고 있다. 물론, 이러한 고찰은 거의 시적이며 상징적인 것이다. 따라서 이러한 고찰은 마치 그것이 시간과 공간의 대상이나 사건의 묘사인 것처럼 취급되어서는 안 된다.

II. 개인적인 인격과 개인적인 인격의 영원한 운명

1. 보편적인 성취와 개인적인 성취

앞의 다섯 장에서는 역사 '위'의 하나님의 나라와 영원한 생명일반에 대해서 언급하였다. 생명의 모든 차원들이 과정의 궁극적인 목적(telos)에 대한 고찰 속에 포함되었다. 이제, 우리는 정신의 차원과 그것의 담지자인 개인적인 인격을 다루지 않으면 안 된다. 개인의 인격은 언제나 종말론적인 상상과 사상의 중심에 있었다. 이것은 우리

자신이 인간으로서 인격이기 때문일 뿐만 아니라 인간의 운명이 그 자신에 의해서 결정되고 있기 때문이기도 하다(이것은 정신의 차원 이외의 다른 생명의 차원들 안에서는 존재하지 않는 방식이다). 유한한 자유로서의 인간은 필연성의 지배 아래에 있는 존재들이 가지고 있는 것과는 다른 영원한 생명과의 관계를 가지고 있다. '당위'의 요소의 의식과 그것과 더불어서 책임, 죄책, 절망, 희망의 의식이 영원에 대한 인간의 관계를 특징짓고 있다. 모든 시간적인 것은 영원에 대해서 '목적론적인' 관계를 가지고 있지만 인간만이 그것을 의식하고 있다. 그리고 이 의식은 그에게 그것에 대항하는 자유를 부여해 주고 있다. 소외의 비극적인 보편성에 대한 기독교의 주장은 모든 인간 존재는 그의 텔로스나 영원한 생명에 대해서 대항하는 동시에 그것을 열망하고 있다는 것을 포함하고 있다. 이것은 '본질화'의 개념을 심오하게 변증법적으로 만든다. 인간 개인의 텔로스는 운명에 의해서 그에게 주어진 잠재성의 토대 위에서 그가 실존 속에서 행한 결단에 의해서 결정된다. 그는 자신 잠재성들을 완전하게는 아니지만 낭비할 수 있고, 그의 잠재성들을 총체적으로는 아니지만 성취할 수도 있다. 따라서 최후의 상징은 특수한 진지성을 지니게 된다. 한 사람에게 있어서 부정적인 것으로써 부정적인 것을 폭로하는 것은 영원한 생명에 대해서 긍정적인 것을 많이 남기지 못하게 할지도 모른다. 그것은 작은 것으로 줄어들 수도 있다. 그러나 이것은 또한 위대한 것으로 높여질 수 있고, 성취된 잠재성과 관련해서는 극단적인 빈곤일 수도 있으며, 또한 그것들의 극단적인 풍부함일 수도 있다. 작고 큼, 빈곤과 부유 이것들은 상대적인 평가이다. 그래서 패배와 승리, 멸망과 구원, 지옥과 천국, 영원한 죽음과 영원한 생명과 같은 종교적 상징주의 속에 나타나고 있는 절대적인 판단과 모순된다. 본질화의 정도(degree)의 관념은 이러한 상징들과 개념들의 절대성을 파괴시켜 버린다.

 유한한 존재나 유한한 사건에 대한 절대적인 판단은 불가능한 것이다. 왜냐하면 그것은 유한한 것을 무한한 것으로 만들기 때문이다. 이것이 신학적 보편주의와 영원에 있어서의 "만물의 회복"론의 진리이다. 그러나 회복(restitution)이라는 말은 부적절한 단어이다. 즉, 본질화는 회복 이상일 수 있고 이하일 수도 있다. 교회는 오리겐의 만물의 회복(apokatastasis panton)론을 거부했다. 왜냐하면 만물의 회복의 기대는 '멸망'이나 '구원'과 같은 절대적인 위협이나 절대적인 희망에 포함되어 있는 심각성을 제거하는 것처럼 보였기 때문이다. 이 갈등을 해결하기 위해서는 "생명을 잃는다"는 위협의 절대적인 심각성과 유한한 실존의 상대성이 결합되지 않으면 안 된다. '본질화'라는 개념적 상징은 이 요청을 성취할 수 있다. 왜냐하면 이것은 자기의 잠재성을 낭비했다는 절망을 강조하지만 또한 그것은 실존 안에 있는(심지어 가장 미성취된 생명 안에 있는) 긍정적인 것의 영원으로의 높임을 보증하기 때문이다.

이 해결책은 개인의 영원한 운명을 영원한 정죄나 영원한 구원으로 묘사하는 전통적인 해결책과 모순되는 것 없이 기계주의적인 필연적인 구원관을 배격한다. 이 기계주의적이고 필연적인 구원관의 가장 의문스러운 형태인 이중예정론은 마성적인 의미를 가지고 있다. 즉, 이것은 영원한 분열을 하나님 자신 안으로 이끌어 온다. 그러나 심지어 예정이 없을지라도 절대적으로 상반되는 개인의 영원한 운명에 대한 교리는 하나님의 자기현현과 인간의 본성의 관점에서 볼 때 옹호될 수 없는 것이다.

이중적인 영원한 운명(twofold eternal destiny)이라는 관념은 성서적인 인격주의에서 비롯된 인격과 인격 사이의 극단적인 분리와 인격 이하의 것과 인격적인 것 사이의 극단적인 분리에 그 배경을 가지고 있다. 정신적 차원의 개체화가 참여를 정복할 때, 금욕적인 자기통제와 자신들의 영원한 운명에 대한 전적인 책임의 수용을 통해서 스스로를 창조의 피조적인 통일성으로부터 분리시키는 강력하게 중심화된 자아들이 창조된다. 그러나 기독교는 그것의 인격주의적인 강조에도 불구하고 또한 하나님 나라의 성취에 대한 보편적인 참여의 관념을 가지고 있다. 이 관념은 기독교가 후기헬레니즘 시대의 강력한 이원론적인 경향에 의해서 간접적으로 영향을 받는 일이 적어짐에 따라서 더욱더 강조되었다.

하나님의 자기현현의 관점에서 볼 때, 이중적인 영원한 운명의 교리는 하나님이 유한한 것을 "매우 좋은" 것으로 영원히 창조하셨다(창 1장)는 관념과 모순된다. 만일 존재가 존재로서 선하다면(어거스틴의 위대한 반이원론적인 명제) 존재하는 것은 어느 것도 완전하게 악이 될 수 없다. 만일 어떤 것이 존재한다면, 그리고 이것이 존재를 가지고 있다면, 그것은 하나님의 창조적인 사랑에 포함되어 있다. 하나님의 사랑과 그의 나라 안에서 모든 통일의 교리는 지옥의 상징으로부터 "영원한 형벌"의 성격을 박탈한다. 이 교리는 하나님의 심판의 정죄적인 측면의 심각성을 제거하지 않는다. 여기서 하나님의 심판의 정죄적인 측면은 그 속에서 부정적인 것의 폭로가 경험되고 있는 절망을 뜻한다. 그러나 이것은 지옥과 천국의 문자적인 이해의 부조리를 제거할 뿐만 아니라 또한 영원한 운명을 고통이나 기쁨의 영속적인 상태와 혼동하는 것을 배격해 준다.

인간 본성의 관점에서 볼 때, 이중적인 영원한 운명의 교리는 어떤 인간 존재도 명백하게 하나님의 심판 이쪽이나 저쪽에 존재하지 않는다는 사실과 모순된다. 성인도 여전히 죄인이며 용서를 필요로 한다. 그리고 죄인도 그가 하나님의 용서 아래에 있는 한 성인이다. 만일 성인이 용서를 받는다면, 그의 용서의 수용은 여전히 모호한 것이다. 만일 죄인이 용서를 거부한다면, 그의 거부도 여전히 모호한 것이다. 영적인 현존은 또한 우리의 절망의 경험 속에서도 작용하고 있다. 신, 구약성서에서 상징적인 언어로 표현되고 있는 선인과 악인 사이의 질적인 대조는 선과 악 그 자체의 대조를 의미하고 있다(예를 들어, 진리와 거짓, 동정과 잔인성, 하나님과의 연합과 하나님으로부터의 분리). 그러나 이 질적인 대조는 개인적인 인격의 전적인 선의 성격이나 전적인 악의 성격을 서술하고 있는 것은 아니다. 모든 인간의 선의 모호성의 교리와 '구원은 오직 하나님의 은총에만 의존한다'는 교리는 우리로 하여금 이중예정의 교리로 되돌아가든지 아니면 보편적인 본질화의 교리를 향하여 전진하도록 만들고 있다.

인간의 본성에는 또 다른 측면이 존재한다. 이 측면은 이중적인 영원한 운명의 교리에 전제되어 있는 인격으로부터 또는 인격 이하의 것으로부터 인격의 고립 관념과는 모순되는 것이다. 모든 개인의 의식적인 측면과 무의식적인 측면을 포함하고 있는 전존재는 그가 실존 속으로 들어감으로써 영향을 받게 되는 사회적인 조건들에 의해서 주로 결정된다. 개인은 사회적·상황과의 상호의존 속에서만 성장한다. 그리고 인간 정신의 여러 기능들은—존재의 모든 차원들의 상호내재에 따라서—생명의 물리적이고 생물학적인 요소들과의 구조적인 통일성 속에 존재한다. 모든 개인의 자유와 운명은 어느 한쪽을 다른 쪽으로부터 분리할 수 없을 정도로 결합되어 있다. 따라서 개인의 영원한 운명을 전체 인류의 운명으로부터 또는 그 운명의 모든 현현으로부터 분리하는 것은 불가능한 일이다.

이것은 끝으로 왜곡된 생명의 형태들에 대한 의미의 물음에 대해서 대답을 제시해 준다. 여기서 왜곡된 생명의 형태들은 미숙한 상태의 파괴나 유아의 죽음이나 생물학적이고 심리학적인 질병과 도덕적으이고 영적으로 파괴적인 환경의 경우에서처럼 물리적, 생물학적, 심리학적, 사회학적 조건들 때문에 조금이라도 자신들의 본질적인 목표의 성취에 도달할 수 없는 생명의 형태들을 의미한다. 개인의 운명들을 분리시키는 관점에서는 어떠한 대답도 있을 수 없다. 물음과 대답은 우리가 본질화나 긍정적인 것의 영원한 생명으로의 높임을 보편적인 참여의 문제로 이해할 때만 가능한 것이다. 즉, 최소한으로 실현된 개인의 본질 속에는 다른 개인의 본질과 간접적으로는 모든 존재들의 본질이 현존한다. 누구든지 다른 사람을 영원한 죽음으로 정죄하는 사람은 자기 자신을 정죄하는 것이다. 왜냐하면 그의 본질과 다른 사람의 본질은 절대적으로 분리될 수 없기 때문이다. 그리고 자기자신의 본질적인 존재로부터 소외되어 있기에 전적인 자기 거부의 절망을 경험하고 있는 사람에 대해서는 그의 본질이 고도의 성취에 도달한 모든 사람들의 본질에 참여하고 있다는 것과 이 참여를 통해서 그의 존재는 영원히 긍정되고 있다는 것이 말해지지 않으면 안 된다. 이와 같은 모든 존재와의 통일성 속에 있는 개인의 본질화의 관념은 대리적인 성취의 개념을 이해할 수 있게 만들어 준다. 또한 이것은 영적인 공동체의 개념에 새로운 내용을 제공해 준다. 그리고 끝으로 이것은 교회와 국가와 같은 집단들이 그들의 본질적인 존재 속에서 성취된 하나님의 나라의 통일성에 참여하고 있다는 견해에 토대를 제공해 준다.

2. 상징으로서의 불멸과 개념으로서의 불멸

영원한 생명에 대한 개인의 참여에 대해서, 기독교는—영원한 생명 그 자체 이외에—'불멸'(immortality)과 '부활'(resurrection)이라는 두 가지 용어를 사용한다. 이 두 용어 중에서 '부활'만이 성서적인 용어이다. 그러나 불멸은 플라톤의 영혼불멸 교리의 의미에서 기독교 신학의 초기부터 사용되었으며, 개신교의 사상의 광범위한 영역에서 부활의 상징을 대체해 왔다. 몇몇 개신교 국가에서 불멸은 전체 기독교 메시지의 마지막 잔재가 되었다. 그러나 이것은 죽음 이후의 몸 없는 개인의 시간적인 생명의 연속이라는 형태 속에서 행해져 왔다. 이것은 비기독교적이며 사이비 플라톤적인 형태이다. 불멸의 상징이 그와 같은 통속적인 미신을 나타내기 위해서 사용되는 경우에는, 기독교는 그것을 철저하게 배격하지 않으면 안 된다. 왜냐하면 영원에 대한 참여는 "내세의 생명"(life hereafter)이 아니기 때문이다. 또한 이것은 인간 영혼의 자연적인 특성도 아니다. 오히려 이것은 시간적인 것을 영원적인 것으로부터 분리시키고, 다시 영원적인 것으로 되돌아가게 하는 하나님의 창조적인 행위이다. 이 말의 난해함에 대해서 잘 알고 있는 기독교 신학자들이 '불멸'이란 용어를 그 말의 통속적이고 미신적인 형태에 있어서 뿐만 아니라 본래의 플라톤적인 형태에 있어서도 완전히 거부하고 있다는 것은 이해할 만한 것이다. 그러나 이것은 정당화 될 수 없다. 만일 불멸이 디모데전서 6장 16절이 그것을 하나님에게 적용시키고 있는 방식으로 사용된다면, 이것은 영원이란 용어가 긍정적으로 표현하는 것을 부정적으로 표현하는 것이 된다. 이것은 죽음 이후의 시간적인 생명의 연속을 뜻하는 것이 아니라 시간성을 초월해 있는 특성을 의미하게 된다.

불멸의 이런 의미는 영원한 생명의 상징과 모순되지 않는다. 그러나 불멸이라는 용어는 전통적으로 '영혼의 불멸'이라는 구절 속에서 사용되어 왔다. 이러한 사용은 기독교 사상에 또 하나의 문제를 야기시켰다. 말하자면, 그것은 영육 이원론을 가져왔다. 이것은 존재의 모든 차원을 포함하고 있는 기독교의 영의 개념과 모순되는 것이다. 그리고 이것은 "몸의 부활"의 상징과 양립할 수 없다. 그러나 여기서 또 다시 우리는 영혼 불멸의 의미는 비이원론적인 방식으로는 이해될 수 없는 것인지를 묻지 않으면 안 된다. 아리스토텔레스는 그 가능성을 그의 형식과 질료의 존재론에서 보여 주었다. 만일 영혼이 생명과정의 형식이라면, 영혼의 불멸성은 생명과정을 구성하고 있는 모든 요소들을 포함하게 된다. 비록 그것이 모든 요소들을 본질들로 포함하고 있을지라도. 그렇게 되면 "영혼의 불멸"의 의미는 본질화의 힘을 포괄하는 것이 될 것이다. 그리고 후기 플라톤의 세계 영혼의 교리에는 보편적인 본질화의 의미에서의 불멸의 관념이 포함되어 있는 것처럼 보인다.

　불멸에 대한 대부분의 논쟁에서는 증거의 문제가 흥미에 있어서 내용의 문제를 추월해 왔다. 영혼불멸의 신앙에 대한 증거가 있는지의 물음이 질문되었고, 만족스럽지 않았지만 결코 포기되지 않았던 플라톤의 논증을 가지고 대답이 제시되었다. 이런 상황은(이것은 신의 실존의 증명의 것과 유사한 것이다) '불멸'이 상징(symbol)에서 개념(concept)으로 변용된 데에 뿌리를 두고 있다. 상징으로서의 불멸은 신들이나 신에게 사용되어 왔고, 존재와 의미의 궁극성을 표현해 주었다. 이와 같은 것으로서의 불멸은 인간은 유한하다는 그리고 인간은 바로 그런 유한 의식 속에서 유한성을 초월한다는 인간의 직접적인 의식의 확실성을 가지고 있다. "불멸의 신들"은 죽을 수밖에 없는 인간들이 배제되어 있지만 그들도 신들로부터 받아들일 수 있는 저 무한성에 대한 상징적이고 신화적인 표현이다. 이러한 구조는 신들의 영역이 존재하는 모든 것의 근거요 목표인 한 분의 실재에게 예언자적으로 비신화화된 이후에도 여전히 타당한 것으로 남아 있다. 그는 "우리의 사멸을 불멸로 옷 입힐 수 있다"(고전 15:43). 우리의 유한성은 유한성이기를 그만두지 않는다. 하지만 그것은 무한 속으로, 즉 영원 속으로 "이끌려진다."

　불멸이란 용어의 개념적인 사용이 그 상징적인 사용을 대체한다면, 인식적인 상황은 완전히 달라져 버린다. 그 순간에 불멸은 영혼이라고 불리우는 인간의 한 부분의 특성이 되고, 영원한 생명의 확실성에 대한 경험적인 근거의 문제는 특수한 대상으로서 영혼의 본성에 대한 연구로 바뀌게 된다. 플라톤의 대화가 이런 발전에 대해서 커다란 책임이 있다는 것은 의심할 여지가 없다. 그러나 플라톤 자신에게 있어서도 불멸의 대상적인(구체적인) 이해에 대한 중단이 있었다는 것을 강조해야만 한다. 말하자면, 그의 논증은 "인간에 대한"(ad hominem) 논증, 오늘날의 용어로 말하면 실존적인 논증이었다. 또한 그의 논증은 선한 것, 아름다운 것, 참된 것에 참여하고 있고 그것들의 초시간적인 타당성을 의식하고 있는 사람들에게만 파악될 수 있는 것이었다. 대상적인 의미의 논증에 대해서는 "그대들은 그것들을 전혀 확신할 수 없다"(플라톤의《파이돈》). 플라톤의 불멸의 관념에 대한 아리스토텔레스의 비판은 그것의 불가피한 원시화를 저지하고 플라톤의 사상을 그 자신의 최고 성취의 상징으로 삼으려는 시도로서 이해될 수 있을 것이다. 아리스토텔레스의 최고의 성취는 하나님의 정신(nous)의 영원한 자기 직관에 대한 인간의 참여이다. 여기에서부터 플로티누스의 황홀경의 경험 속에서 자기와 일자 사이의 신비적인 합일의 길은 멀리 있지 않다. 기독교 신학은 개인적인 인격과 그의 영원한 운명에 대한 강조 때문에 이 길을 갈 수 없었다. 그 대신에 기독교 신학은 플라톤에게로 되돌아 갔고, 피할 수 없는 원시주의적이며 미신적인 결과를 두려워하는 것 없이 플라톤의 불멸적인 영혼의 개념을 종말론적인 상상 전체의 토대로 사용했다. 가톨릭과 개신교의 자연신학은 영혼 불멸의 옛 논증과 새로운 논증을 사용했고 양쪽 모두 신앙의 이름으로 이 개념의 수용을 요구했다. 이들은 상징과 개념 사이의 혼동에 공식적인 위치를 부여해 주었고, 이로써 형이상학적 심리학의 철학적인 비판가들의 이론적인 반발을 불러일으켰다. 로크, 흄, 칸트가 그 예이다. 기독교신학은 이들의 비판을 '상징'으로서의 불멸에 대한 공격으로서 간주할 것이 아니라 '개념'으로서의 자연적인 불멸적 실체, 즉 '개념'으로서의 영혼에 대한 공격으로서 생각해야만 할 것이다. 만일 이런 식으로 이해된다면, 영원한 생명의 확실성은 불멸의 영혼이라는 개념과의 위험한 결합으로부터 해방될 수 있을 것이다.

이런 상황에서 볼 때 교육과 설교에서 "영원한 생명"이라는 용어를 사용하는 것이 현명할 것이고, 미신적인 의미가 차단되는 경우에만 불멸에 대해서 말하는 것이 현명할 것이다.

3. 부활의 의미

죽음 이후의 영원한 생명에 대한 인간의 참여는 고도의 상징적인 표현인 "몸의 부활"(resurrection of the body)에 의해서 보다 적절하게 표현되고 있다. 교회는 이것을 기독교의 특수한 표현으로 인정했다. 사도신경의 표현은 "육의 부활"(resurrection of the flesh)이다. 즉, 이것은 영과 대조되는 육 곧 썩기 쉬운 성격을 지닌 육의 부활을 뜻한다. 그러나 이 표현은 오해될 수 있기 때문에 예전에서는 "몸의 부활"에 의해서 대체되었고, 바울적인 상징인 "영적인 몸"(Spiritual body)에 의해서 해석되어야만 한다. 물론 이 표현도 해석을 필요로 한다. 즉, 이것은 역설적인 말들의 결합에 의해서 표현된 것으로서 이중적인 부정으로 이해되어야만 한다. 첫째로, 이것은 단순한 영적인 실존의 '벌거숭이'(nakedness)를 부정한다. 따라서 이것은 동방이나 플라톤과 신플라톤 학파의 이원론적인 전통의 주장과 모순된다. '몸'이란 용어는 창조의 선함을 믿는 예언자적 신앙의 표시로서 이 전통들과 대립된다. 구약성서의 반이원론적인 편견은 몸이 영원한 생명에 속한다는 관념에 강력하게 표현되어 있다. 그러나 바울은 이 상징의 어려움을(사도신경보다) 잘 알고 있었다. 그것은 이 상징이 하나님의 나라에 대한 '살과 피'의 참여의 의미로 이해될 수 있다는 위험이었다. 그래서 바울은 살과 피는 하나님의 나라를 '상속' 받을 수 없다고 주장했다. 그리고 바울은 이러한 '물질주의적인' 위험에 맞서서 부활의 몸을 '영적'이라고 불렀다. 영(Spirit-이것은 바울신학의 중심 개념이다)은 인간의 정신에 현존하고, 인간의 정신을 꿰뚫고 들어오고, 인간의 정신을 변형시켜 인간의 정신을 자신 너머로 높이시는 하나님을 의미한다. 그러므로 영적인 몸은 영적으로 변형된 인간의 전인격을 표현하는 몸이다. 우리는 '영적인 몸'의 상징에 대해서 이 지점까지만 말할 수 있다. 즉 개념은 이 지점을 넘어서 갈 수 없다. 하지만 시적이고 예술적인 상상은 그 지점을 넘어 갈 수 있다. 그리고 심지어 여기서 행해진 제한된 진술까지도 그것이 직접적으로 긍정적인 것을 지시한 것보다 더 많이 이중적인 부정의 긍정적인 내용을 지시해 주고 있다. 만일 우리가 부활이 가지고 있는 고도의 상징적인 성격을 잊어버린다면, 다수의 부조리가 나타나게 되고, 부활의 무한히 중요한 참된 의미는 감춰지고 말 것이다.

부활이 주로 말하고 있는 것은 하나님의 나라는 존재의 모든 차원을 포함하고 있다는 것이다. 전체 인격이 영원한 생명에 참여하고 있다. 만일 우리가 '본질화'라는 용어를 사용한다면, 우리는 인간의 심리학적이고 정신적이며 사회학적 존재가 그의 신체적 존재 속에 포함되어 있다고 말할 수 있다. 또한 우리는 이 존재가 존재를 가지고 있는 다른 모든 존재들의 본질들과의 통일성 속에 있다고 말할 수도 있다.

또한 '몸의 부활'에 대한 기독교의 강조는 개별적인 인격의 유일성이 지니고 있는 영원한 중요성에 대한 강한 긍정을 포함하고 있다. 한 인격의 개별성은 그의 몸의 모든 세포 속에, 특히 얼굴 속에 표현되어 있다. 초상화의 예술은 분자와 세포가 그의 인격적인 중심에 의해서 결정되고 있고 또한 상호의존 속에서 그 인격적 중심을 결정하고 있는 인간의 정신적 기능들과 움직임을 표현할 수 있다는 놀라운 사실을 계속해서 상기시켜 주고 있다. 이 뿐만 아니라 초상화는 만일 그것이 진정한 예술 작품이라면 우리가 '본질화'라고 부른 것을 예술적인 선취 속에서 반사시켜 주고 있다. 초상화가 재생하는 것은 한 개인의 생애 과정의 특수한 순간이 아니라, 그의 잠재성이나 생애 과정의 경험과 결단의 토대 위에서 형성된 그의 본질적인 이미지 속에 그의 생애의 모든 순간들을 응축해 놓은 것이다. 이러한 관념은 헬라 정교회의 성상(icon)의 교리를 알기 쉽게 설명해 준다. 말하자면 이 관념은 그리스도, 사도, 성자의 본질화된 초상화를 설명해 주고, 특히 성상들은 그들이 대표하는 사람들의 천상적인 실재에 신비하게 참여하고 있다는 관념을 설명해 준다. 그러나 역사지향적인 서방교회는 이러한 교리를 잃어 버렸고 성상은 종교화에 의해서 대체되었다. 이 종교화는 거룩한 인격의 시간적인 실존의 특성 중 하나를 상기시켜 준다고 생각되었다. 이것은 여전히 낡은 전통에 매여 있는 교회들 속에서 행해지고 있다. 그러나 표현의 전통적인 형태는 관념론적인 형태에 의해서 느리게 대체되었고, 나중에는 종교적인 투명성을 결여한 자연주의적인 형태에 의해서 대체되었다. 시각예술의 이런 발전은 인간본성의 모든 차원들 속에서 개인적인 본질화를 이해하는 데 큰 도움이 될 것이다.

개인의 영원한 운명과 관련하여 가장 자주 제기되는 문제는 자의식을 가진 자아가 영원한 생명 속에 존재하는 가와 관련이 있다. 여기서 제시될 수 있는 의미 있는 유일한 대답은 영적인 몸에 대한 주장에서처럼 두 가지의 부정적인 명제 속에서 진술될 수 있다. 첫째는, 자의식을 가진 자아는 영원한 생명에서 배제될 수 없다는 것이다. 영원한 생명은 생명이지 구별이 없는 동일성이 아니기 때문에, 그리고 하나님의 나라는 사랑의 보편적인 실현이기 때문에 개체화의 요소는 제거될 수 없다. 그렇지 않으면 참여의 요소도 또한 사라지고 말 것이다. 참여하는 개인적인 중심이 없는 곳에는 참여도 있을 수 없다. 이 두 극은 서로를 조건 짓는다. 그리고 참여의 개인적인 중심이 있는 곳에는 실존의 주객구조가 의식의 조건이다(또한 만일 인격적인 주체가 있다면 실존의 주객구조는 자의식의 조건이다). 이것은 다음과 같은 명제로 우리를 인도한다. 중심화되고 자의식을 가진 자아는 영원한 생명으로부터 배제될 수 없고, 그것의 모든 기능들 속에서 자의식을 전제로 하고 있는 정신의 차원은 영원한 성취에서 부정될 수 없다. 이것은 마치 영원한 성취가 생물학적인 차원에 대해서, 즉 몸에 대해서 부정될 수 없는 것과 마찬가지이며 우리는 이 이상의 것을 말할 수 없다.

그러나 이제는 이것과 반대되는 부정이 동등한 힘을 가지고 표현되어야만 한다. 영원한 생명에 대한 신체적인 존재의 참여가 오래되거나 물리적인 분자나 새로운 물리적인 분자의 끝없는 계속이 아닌 것처럼, 중심화된 자아의 참여도 기억과 예상에 있어서의 특수한 의식의 흐름의 끝없는 계속이 아니다. 자의식은 우리의 경험에 의하면 자의식 과정의 자각하는 주체와 자각되는 객체 양쪽 모두의 시간적인 변화에 의존하고 있다. 그러나 영원은 시간성을 초월하고 그것과 더불어서 자의식의 경험적인 성격도 초월한다. 시간도 없고 시간의 변화도 없다면, 주체와 객체는 서로 동화될 것이다. 즉, 같은 것이 같은 것을 무한히 인식할 것이다. 이것은 무감각의 상태와 비슷할 것이다. 이 상태에서는 인식하는 주체가 그의 인식 행위를 반성할 수 없기 때문에 자의식이 없다. 이러한 심리학적인 유비는 영원한 생명의 자의식을 기술하려고 의도한 것이 아니다. 하지만 이 유비는 영원한 생명 속의 자의식적인 자아는(대상화의 모호성을 포함하고 있는) 시간적인 생명 속에 있는 것이 아니라는 두 번째 부정적인 명제를 지지해 준다. 이 두 가지 부정적인 명제를 넘어서 말하는 모든 것은 신학적인 개념화가 아니라 시적인 상상이다.

부활의 상징은 생명의 시간적인 죽음으로부터 영원한 생명의 확실성을 나타내기 위해서 보다 자주 일반적인 의미로 사용되고 있다. 이런 의미에서 부활의 상징은 새로운 존재라는 신학의 중심적인 개념을 나타내 주는 상징적인 표현 방법이다. 새로운 존재가 또 하나의 존재가 아니라 옛 존재의 변형인 것처럼, 부활은 옛 실재와 대립하는 또 하나의 실재의 창조가 아니라 옛 실재의 죽음으로부터 일어나는 옛 실재의 변형이다. 이런 의미에서 '부활'이라는 용어는(몸의 부활이라는 특별한 언급 없이) 종말론적인 희망에 대한 보편적인 상징이 되어왔다.

4. 영원한 생명과 영원한 죽음

성서적 상징주의에서 존재의 영원한 운명에 대한 부정적인 판단을 나타내주는 두 가지 주요 개념은 영속적인 형벌(everlasting punishment)과 영원한 죽음(eternal death)이다. 영원한 생명이 영속적인 행복의 탈신화화인 것처럼, 후자는 전자의 탈신화화로 생각될 수 있다. 후자의 신학적인 중요성은 그것이 인간의 영원한 운명의 초시간적인 성격을 고려하고 있다는 사실에 놓여 있다. 이것 역시 해석을 필요로 한다. 왜냐하면 이것은 문자 그대로 받아들이면 완전히 서로 모순되는 두 개념 ─ 영원과 죽음 ─ 을 결합하고 있기 때문이다. 이 말들의 결합은 영원으로부터 "떨어져 나가는" 죽음, 영원에 도달하는 것에 실패함, 시간의 무상함에 맡겨짐을 의미한다. 이러한 의미의 영원한 죽음은 시간성에 묶여 있어서 그것을 초월할 수 없는 모든 사람들을 위협하는 인격적인 위협이 되고 있다. 그들에게 있어서 영원한 생명은 무의미한 상징이다. 왜냐하면 그들은 영원한 것에 대한 선취적인 경험을 가지고 있지 않기 때문이다. 부활의 상징주의의 입장에서 우리는 그들은 죽지만 부활에는 참여하지 않는다고 말할 수 있을 것이다.

그러나 이것은 창조된 모든 것은 존재의 영원한 근거에 뿌리를 두고 있다는 진리와 모순되는 것이다. 이 점에서 비존재는 존재를 이길 수 없다. 따라서 어떻게 이 두 고찰이 결합될 수 있는가의 물음이 제기된다. 즉, 우리는 어떻게 영원한 생명으로부터 "떨어져 나가는" 죽음의 위협의 진지성과 모든 것이 영원으로부터 와서 영원으로 되돌아가야만 한다는 진리를 화해시킬 수 있을까? 우리가 기독교 사상사를 되돌아본다면 이 모순의 양 측면이 강력하게 표현되고 있는 것을 보게 된다. "영원으로부터 떨어져나가는 죽음"의 위협은 대부분의 교회들의 실천적인 가르침이나 설교 속에서 압도적으로 나타나고 있고, 많은 교회들에서 공식적인 교리로 주장되고 있으며 옹호되고 있다.

영원에 뿌리를 두고 있다는 확실성, 따라서 그것에 속해 있다는 확실성은, 비록 그것에 반대하는 경우에도, 교회들이나 종파들 내의 신비주의적인 운동이나 인본주의적인 운동의 압도적인 태도가 되고 있다. 첫 번째 유형의 사상은 어거스틴, 토마스, 칼빈에 의해서 대표되었고, 반면에 두 번째 유형의 사상은 오리겐, 소시누스, 쉴라이어마허에 의해서 대표되었다. 논쟁의 중심이 된 신학적 개념은 오리겐의 "만물의 회복"(apokatastasis panton)이었다. 이 개념은 시간적인 모든 것은 그것이 왔던 영원으로 되돌아간다는 것을 의미했다. 구원의 특수성을 믿는 신앙과 구원의 보편성을 믿는 신앙 사이의 갈등 속에서, 이 모순된 관념들은 그들의 지속적인 긴장과 실천적인 중요성을 보여 주었다. 이 논쟁의 상징적인 틀이 아무리 원시적이었을지라도 그리고 어느 정도는 지금도 그러할지라도, 논쟁의 요점은 신학적인 중요성을 지니고 있고 심리학적으로는 보다 더 큰 중요성을 지니고 있다. 여기에는 하나님과 인간의 본성에 대한 전제들과 그들의 관계에 대한 전제들이 포함되어 있다. 궁극적인 절망과 궁극적인 희망 또는 표면적인 무관심과 심오한 진지성이 이 논쟁에 의해서 산출될 수 있다. 그것의 추상적인 옷에도 그것은 기독교 사상의 가장 실존적인 문제들 중 하나이다.

매우 예비적인 대답을 주기 위해서는, 양쪽 태도의 배후에 있는 동기들을 살펴볼 필요가 있다. "영원으로부터 떨어져 나가는 죽음"의 위협은 윤리적이며 교육적인 유형의 사고에 속한다. 이 사고는 교회의 기본적인 태도이다. 이들은(오리겐이나 유니테리안의 보편주의의 경우에) "만물의 회복"의 가르침이 종교적 또는 윤리적인 결단의 진지성을 파괴할 것이라고 두려워 한다. 그러나 이 두려움은 근거 없는 것이다. 왜냐하면 우리는 영원한 죽음의 위협을(심지어 영원한 형벌의 위협도) 설교해야만 하는 동시에 만물의 회복 교리의 진리도 고수해야만 한다는 것이 권장되어 왔기 때문이다. 아마도 대다수 기독교인들은 죽음이 임박해 있는 사람들과 그리고 자신들의 죽음을 예상하고 있는 사람들에 대해서 비슷한 해결책을 가지고 있을 것이다. 어느 누구도 자신이나 다른 사람들에 대해서 영원한 죽음의 위협을 견딜 수 없다. 하지만 이 죽음의 위협은 그 불가능성에 기초하여 무시될 수는 없다. 신화적으로 말하면, 어느 누구도 지옥을 자기 자신이나 다른 사람의 영원한 운명으로서 긍정할 수 없다. 우리의 궁극적인 운명에 대한 불확실성은 제거될 수 없다. 그러나 이 불확실성을 넘어서 우리가 왔던 영원으로 되돌아야 가야만 한다는 것을 역설적으로 확신하는 순간들이 있다. 교리적으로 이것은 우리를 이중적인 명제로 인도한다. 이것은 시간과 영원의 관계가 표현되고 있는 모든 경우들의 이중적인 명제들과 유사한 것이다. 즉, 영원한 죽음의 위협과 되돌아감의 안전성은 모두 부정되지 않으면 안 된다.

이 양극의 예리함을 극복하려는 시도가 기독교 안팎에서 행해졌다. 그 중에서 다음과 같은 세 가지의 것이 중요하다: 윤회(reincarnation), 중간 상태(intermediary state), 연옥(purgatory)의 관념. 이들 세 가지 관념들은, 우리는 죽음의 순간을 인간의 궁극적인 운명에 대해서 결정적인 것으로 만들 수 없다는 느낌을 표현해 주고 있다. 유아, 어린이, 미발달한 성인의 경우에, 이것은 완전히 부조리한 것이 될 것이다. 성숙한 사람의 경우에도, 이것은 모든 성숙한 인격의 생명 안으로 들어와서 심오한 모호성을 야기시키고 있는 무수한 요소들을 무시하는 것이 될 것이다. 특수한 순간보다는 전체 생명 과정이 본질화의 정도에 있어서 결정적인 것이다. 개인적인 생명의 윤회의 관념은 아시아의 수십 억의 사람들에게는 큰 힘을 가지고 있었고 어느 정도는 오늘날에도 가지고 있다. 그러나 거기서 "죽음 이후의 생명"의 주장은 위안의 관념이 아니다. 그와는 반대로 모든 생명의 부정적인 성격은 윤회, 즉 영원으로 되돌아가는 고통의 길로 나아간다. 몇몇 사람들, 특히 18세기 독일의 시인이며 철학자인 레싱은 인간의 궁극적인 운명에 대한 궁극적인 결정은 죽음의 순간에 이루어진다는 정통 신앙 대신 윤회의 교리를 받아들였다. 그러나 모든 윤회의 교리의 어려움은 다른 생애에서 주체의 동일성을 경험할 수 있는 길이 없다는 것이다. 그러므로 윤회는―불멸과 유사하게―개념으로서가 아니라 상징으로 이해되어야만 한다. 이것은 모든 존재 속에 현존하고 있으며, 또한 개인의 본질화를 보다 높은 단계나 보다 낮은 단계의 성취로 결정하기 위해서 서로 싸우고 있는 보다 높은 힘들이나 보다 낮은 힘들을 지시하고 있다. 인간은 다음 윤회에서 동물이 '될' 수 없다. 그러나 비인간화된 특성이 인간 존재의 인격적 성격을 지배하여 그의 본질화의 특성을 결정할 수 있다. 그러나 이런 해석은 죽음 이후의 자아의 발전 가능성의 문제에 대한 대답이 아니다. 힌두교나 불교가 개인적인 자아에 대해서 취한 부정적인 태도에 기초하여 이 문제에 대답하는 것은 불가능할 것이다. 그러나 만일 이 문제가 대답된다고 해도, 그 대답은 로마 가톨릭 연옥의 교리로부터 별로 멀리 떨어져 있지 않은 교리를 전제로 하게 될 것이다. 연옥은 영혼이 시간적인 실존의 왜곡의 요소들로부터 '정화된'(purged) 상태이다. 가톨릭 교리에서는 순전한 고통은 정화를 뜻한다. 중단 없는 기간의 순전한 고통을 상상하는 것은 심리학적으로 불가능할 뿐만 아니라 고통 속에서 축복을 주는 은총으로부터 변형을 이끌어 오는 것 대신에 오직 고통으로부터만 변형을 이끌어 오는 것은 신학적인 잘못이다. 어쨌든 죽음 이후의 발전이 많은 존재들에 대해서(모두는 아닐지라도) 보증되고 있다.

개신교는 성직자의 탐욕과 대중적인 미신이 불러일으킨 심각한 남용 때문에 연옥의 교리를 폐지했다. 그러나 개신교는 본래 연옥의 상징을 야기시켰던 문제들에 대해서 만족할 만한 대답을 줄 수 없었다. 오직 하나의 시도가―하지만 약한 시도가―죽음 이후의 개인적인 발전의 문제를 해결하기 위해서 시도되었다(드물게 나타나는 윤회의 관념을 제외한다면). 그것은 죽음과 부활(완성의 날) 사이의 중간 상태의 관념이었다. 이 교리의 주요 약점은 생명의 다차원적인 통일성의 진리에 모순되는 또한 측정 가능한 시간을 죽음 이후의 생명에 비상징적으로 적용하고 있는 몸 없는 중간 상태의 교리이다.

죽음 이후 개인의 발전에 대한 세 가지 상징들 중 어느 것도 그것의 본래적인 기능을 성취할 수는 없다. 즉, 어느 것도 모든 인간의 영원한 긍정적인 운명의 비전을 대다수의 사람들에게서, 어떤 경우에는 모든 사람들에게서 나타나고 있는 이 운명의 성취의 물리적이고 사회적이며 심리학적인 조건들의 결핍과 결합할 수 없다. 오직 엄격한 예정론 교리만 단순한 대답을 줄 수 있었다. 그리고 이 교리는 하나님은 인간으로 태어났지만 결코 성숙한 나이나 상태에 도달하지 못한 대다수 존재들에 대해서는 관심을 가지고 있지 않으신다는 주장을 통해서 대답을 주었다. 그러나 만일 이것이 주장된다면 하나님은 악마가 될 것이고, 그는 모든 피조된 잠재성들을 성취하기 위해서 세상을 창조한 하나님과 모순될 것이다.

보다 적절한 대답은 영원과 시간의 관계나 초시간적인 성취와 시간적인 발전의 관계를 다루지 않으면 안 된다. 만일 초시간적인 성취가 생명의 특성을 가지고 있다면, 시간성은 그 속에 포함되게 된다. 앞의 몇몇 경우에서처럼, 우리는 두 가지 양극적인 주장을 해야만 한다. 이 주장들 위에 진리가 놓여 있지만 우리는 그것을 긍정적으로나 직접적으로 표현할 수는 없다. 즉, 영원은 무시간적 동일성이 아니고, 영속적인 변화(시간적인 과정 속에서 일어나고 있는 것처럼)도 아니다. 시간과 변화는 영원한 생명의 깊이 속에서 현존한다. 그러나 시간과 변화는 신적인 생명의 영원한 통일성 안에 포함되어 있다.

만일 우리가 이 해결을 어떠한 개인의 운명도 우주의 운명으로부터 분리되어 있지 않다는 관념과 결합시킨다면, 영원한 생명 속에서 개인의 발전에 대한 위대한 물음은 적어도 제한된 신학적인 대답을 발견할 수 있는 틀을 가지게 될 것이다.

죽은 자를 위한 기도와 예배를 권면하는 가톨릭의 교리는 영원한 생명 속에서의 개인적인 운명과 우주적인 운명의 통일성을 믿는 신앙의 강력한 표현이다. 이 진리의 요소는 저 관념의 실천적인 실행에서 나타나고 있는 많은 미신과 남용 때문에 잊혀져서는 안 된다. 이 모든 것이 말해진 이상, '천국'과 '지옥'의 상징에 대해서 말하는 것은 거의 불필요한 것이다. 무엇보다도, 천국과 지옥은 상징이지, 장소의 표현이 아니다. 둘째로, 천국과 지옥은 축복과 절망의 상태의 표현이다. 셋째로, 천국과 지옥은 축복과 절망의 객관적인 토대를 가리킨다. 즉, 이것들은 개인의 본질화에 이르는 성취나 미성취의 양을 가리킨다. '천국'과 '지옥'의 상징들은 이와 같은 세 가지 의미들 속에서 진지하게 다루어지지 않으면 안 된다.

그리고 이 상징들은 신적인 것의 경험에 있어서의 대극적인 궁극자들을 나타내는 은유로서 사용될 수도 있다. '천국'과 '지옥'의 문자적인 사용이 빈번하게 초래하는 심리학적인 나쁜 영향들은 이 상징들을 완전히 제거하기에는 충분한 이유가 되지 못한다. 이 상징들은 "영원으로부터 떨어져 나가는 죽음"의 위협과 "영원한 생명의 약속"에 대한 생생한 표현을 제공해 준다. 우리가 선취된 성취의 축복의 순간들을 심리학적으로 분석해 낼 수 없는 것처럼, 우리는 실존의 궁극적인 의미에 대한 위협과 절망의 근본적인 경험들을 "심리학적으로 분석해" 낼 수 없다. 심리학은 이 두 상징의 문자적인 왜곡의 신경증적인 결과들을 단지 해소시켜줄 수 있다. 그리고 심리학이 그렇게 할 수 있는 데에는 충분한 이유가 있다. 하지만 만일 신학이나 설교와 교육이 이 상징들의 문자적인 사용의 미신적인 의미들을 제거하려 한다면 거기에는 충분한 이유가 없을 것이다.

Ⅲ. 하나님의 나라: 시간과 영원

1. 영원과 시간의 운동

우리는 영원을 무시간(timelessness)이나 끝없는 시간(endless time)으로 이해하는 것을 거부했다. 시간성의 부정과 시간성의 계속도 영원을 구성할 수 없다. 이러한 기초 위에서 우리는 영원한 생명에 있어서의 개인의 가능한 발전 문제를 논의할 수 있었다. 이제 우리는 정식으로 시간과 영원의 문제를 다루지 않으며 안 된다.

그렇게 하고자 할 때, 공간적 이미지의 도움을 요청하고 시간의 운동과 영원의 관계를 그림을 통해서 살펴보는 것이 유용할 것이다. 이것은 피타고라스 학파 사람들이 영원한 회귀 속에서 자기에게로 되돌아오는 시간에 대해서 공간적인 유비인 순환운동을 사용한 이래로 행해져 왔다. 그것의 순환적인 성격 때문에 플라톤은 시간을 "영원의 움직이는 이미지"라고 불렀다. 플라톤이 영원에 어떤 종류의 시간성을 귀속시켰는지는 아직 미해결된 문제이다. 만일 '이미지'(image)라는 말이 진지하게 취급된다면 이것은 논리적으로는 불가피한 것처럼 보인다. 왜냐하면 이미지 속에 있는 것은 그 이미지가 나온 근원적인 것 안에도 있어야 하기 때문이다. 그렇지 않으면 이미지는 그것을 이미지로 만드는 유사성의 성격을 결여할 것이기 때문이다. 또한 플라톤도 그의 후기 대화 속에서는 본질들의 영역의 변증법적인 운동을 지시한 것처럼 보인다.

그러나 이 모든 것들은 고대 헬라사상에서는 효과적이지 못했다. 왜냐하면 거기에는 시간이 추구하는 목표가 없었기 때문이다. 따라서 거기에는 시간의 처음과 끝에 대한 상징이 없었다. 어거스틴이 시간의 운동에 대해서 순환의 유비를 배격하고 그것을 시간적인 것의 창조와 함께 시작하고, 시간적인 모든 것의 변혁과 함께 끝나는 직선으로 대체했을 때 그는 엄청난 발걸음을 내딛었다. 이 관념은 하나님의 나라를 역사의 목적으로 이해하는 기독교적인 역사관 속에서 가능했을 뿐만 아니라 또한 그것에 의해서 요구되었다. 시간은 영원을 반사할 뿐만 아니라 매순간 영원한 생명에 기여한다. 그러나 직선의 그림은 영원으로부터 와서 영원으로 가는 시간의 성격을 지시해 주지는 않는다. 그리고 직선의 이와 같은 비지시성은 근대의 진보주의로 하여금(그것이 자연주의적이든지 아니면 관념론적이든지 간에) 시간적인 선을 양방향으로 무한히 연장하여 시작과 끝을 부정하게 만들었고, 그 결과 시간적인 과정을 영원으로부터 철저하게 단절시키도록 만들었다. 이것은 우리가 "…로부터 오고"(coming from), "…을 향해 가고"(going ahead), "…로 올라가는"(rising to)의 특성들을 어느 정도 결합한 그림을 상상할 수 있는지의 물음으로 우리를 이끌어 간다. 나는 위로부터 와서 아래쪽과 앞을 향해 움직이다가 "실존적인 지금"(nunc existentiale)인 가장 깊은 지점에 도달한 후에 다시 그것이 내려온 것과 비슷한 방식으로 앞과 위를 향해 되돌아가는 곡선을 제시하고자 한다. 이 곡선은 경험된 시간의 모든 순간에 그려질 수 있다. 그리고 이것은 시간성 전체에 대한 그림으로도 이해될 수 있다. 이것은 시간적인 것의 창조, 시간의 시작, 시간적인 것의 영원으로의 되돌아감, 시간의 끝을 포함하고 있다.

그러나 시간의 끝은 과거나 미래의 특정한 순간의 견지에서 생각될 수는 없다. 영원으로부터 시작하는 것과 영원에서 끝나는 것은 물리적인 시간의 확정할 수 있는 순간의 문제가 아니라 하나님의 창조가 그러한 것처럼 모든 순간 속에서 진행되고 있는 과정의 문제이다. 창조도, 완성도, 시작도, 끝도 언제나 존재한다.

2. 영원한 생명과 하나님의 생명

하나님은 영원한 존재이다. 이것은 하나님을 하나님으로 만드는 특징들 중에서 가장 결정적인 특징이다. 하나님은 시간적인 과정에 종속되지 않고 그것과 더불어서 유한성의 구조에도 종속되지 않는다. 영원한 존재로서의 하나님은 절대적인 동일성의 무시간성과 단순한 과정의 끝없음도 가지지 않는다. 하나님이 "살아 계시다"는 것은 하나님은 그 자신 안에 동일성과 변화의 통일성을 가지고 있다는 것을 의미한다. 이 통일성이 바로 생명의 특징이며, 그것은 영원한 생명 속에 성취되어 있다.

이것은 곧바로 우리를 다음과 같은 물음으로 이끌어 간다. 어떻게 살아 계신 하나님, 즉 영원하신 하나님이 모든 피조물의 내적인 목표인 영원한 생명과 관계를 가질 수 있는가? 서로 평행하는 두 가지 영원한 생명 과정들이란 있을 수 없다. 그리고 신약성서도 하나님 한 분만을 '영원한 분'으로 직접적으로 부름으로써 이 관념을 배제하고 있다. 가능한 유일한 대답은 영원한 생명은 영원 안에서의 생명이며, 하나님 안에서의 생명이라는 것이다. 이것은 시간적인 모든 것은 영원으로부터 와서 영원으로 되돌아간다는 주장에 상응하는 것이다. 그리고 이것은 궁극적인 성취에서는 하나님이 모든 것 안에(또한 모든 것에 대해) 모든 것 되신다는 바울의 비전과 일치하는 것이다. 우리는 이것을 "종말론적인 범재신론"(eschatological pan-en-theism)이라고 부를 수 있을 것이다.

그러나 이와 같은 해결책이 신학사상 전 체계 내에서 차지하고 있는 위치로 말미암아서 몇몇 문제들이 제기되고 있다. 더욱이 신학체계의 마지막 부분에서 이 문제들을 다루는 것은 적합할 것이다. 첫 번째 문제는 우리가 영원한 생명이 하나님 '안'(in)의 생명이라고 말할 때의 '안'의 의미에 대한 것이다.

"하나님의 안"이란 표현에서의 '안'의 첫 번째 의미는 창조적인 기원의 의미에서의 '안'이다. 이것은 존재를 가지고 있는 모든 것이 존재의 신적인 근거 안에 현존한다는 것을 가리킨다. 이 현존은 잠재성의 형태 속에 있는 현존을 의미한다(전통적인 정식에서 이것은 본질, 영원한 이미지, 하나님의 마음속에서 창조된 모든 것의 관념들의 현존으로서 이해되었다). '안'의 두 번째 의미는 존재론적인 의존의 의미에서의 '안'이다. 여기서 '안'은 유한한 것은 어느 것도(심지어 소외와 절망의 상태 속에서도) 영속적인 하나님의 창조성의 지지하는 힘 없이는 존재할 수 없다는 것을 가리킨다. '안'의 세 번째 의미는 궁극적인 성취의 의미에서의 '안', 즉 모든 피조물의 본질화의 상태의 '안'이다.

이와 같이 시간적인 것이 삼중적으로 영원한 것 "안에 있음"은 하나님의 생명과 보편적인 생명 양자 모두의 리듬을 지시해 준다. 우리는 이 리듬을 본질로부터 실존적인 소외를 통해서 본질화에 이르는 길로 언급할 수 있을 것이다. 이것은 단순한 잠재성으로부터 현실적인 분리와 재결합을 통해서 잠재성과 현실성의 분리를 넘어서 있는 성취에 이르는 길이다. 우리가 일관된 사상에 의해서 이끌리고 있는 이상 또한 동시에 완성이 영원한 생명과 하나님의 생명의 동일성으로 묘사되고 있는 종교적인 표현에 의해서 이끌리고 있는 이상, 본질화의 상태나 영원한 생명 속에 있는 피조물의 생명에 대한 하나님의 생명의 관계에 대해서 묻는 것은 적합한 것일 것이다. 이러한 물음은 기독교 사상사가 보여주고 있는 것처럼 불가피한 것이고, 또한 고도의 종교적이며 시적인 상징주의에 의하지 않고서는 대답될 수 없는 것이다. 우리는 몇몇 부분에서, 특히 삼위일체적 상징주의와 하나님의 축복의 논의에서 이 문제를 다루었다. 반대의 가능성의 극복이 없는 곳에는 축복이 있을 수 없다. 그리고 '타자'(otherness)가 없는 곳에는 생명도 있을 수 없다. 창조와 구원 속에 나타난 하나님의 자기현현의 원리로서의 로고스의 삼위일체적 상징은(그것 없이는 생명이 있을 수 없는) 타자의 요소를 하나님의 생명 속으로 이끌어온다. 로고스와 더불어서, 본질의 세계가 주어져 있다. 그것은 존재의 신적인 근거 안에 있는 "창조적 가능성의 내재"를 뜻한다. 시간으로의 창조는 피조물의 자기실현과 소외와 화해의 가능성을 창출한다. 이것은 종말론적인 용어로 말하면 본질로부터 실존을 통하여 본질화에 이르는 길이다.

이런 관점에서 세계의 과정은 하나님에게 있어서 무엇인가를 의미한다. 하나님은 일시적인 기분에 이끌리어 자신이 원하는 것을 창조하고 또는 자신이 원하는 자를 구원하시는 자기충족적인 분리된 실재가 아니다. 오히려 창조의 영원한 행위는 사랑을 거부할 수 있고 수용할 수도 있는 자유를 가지고 있는 타자를 통해서만 성취에 도달하는 사랑에 의해서만 이끌린다. 말하자면, 하나님은 존재를 가지고 있는 모든 것의 실현과 본질화를 향하여 움직이신다. 왜냐하면 우주에서 발생하는 것의 영원한 차원은 하나님의 생명 자체이기 때문이다. 이것이 하나님의 축복의 내용이다.

하나님의 생명에 대한 또한 우주의 생명과 하나님의 생명의 관계에 대한 이러한 명제들은 '신학의 장' 내에서도 인간적인 주장들의 가능성을 초월하는 것처럼 보인다. 이것들은 신적인 '심연'의 신비를 파괴하는 것처럼 보인다. 신학은 그와 같은 비판에 대해서 첫째로, 여기서 사용되는 언어는 상징적인 언어라는 것을 지적함으로써 대답하지 않으면 안 된다. 이것은 궁극적인 신비를 주-객 도식 속에 종속시킬 수 있는 위험성을 피할 수 있다. 이 주-객 도식은 하나님을 분석될 수 있고 기술될 수 있는 대상으로 만들어 버릴 것이다. 둘째로, 신학은 모든 것을 포괄하는 상징주의에는 진정한 종교적인 관심, 즉 영원한 것의 빛 속에서 생명의 궁극적인 진지성을 긍정하는 것이 보존되어 있다고 대답하지 않으면 안 된다. 왜냐하면 하나님 외부에만 있고 하나님 내부에는 없는 세계는 잘 생각해 보면 하나님에게 있어서는 본질적으로 관심이 없는 신적인 연극에 불과하기 때문이다. 이것은 확실히 그의 피조물에 대한 하나님의 무한한 관심을 많은 방법으로 강조하고 있는 성서적인 견해가 아니다. 만일 우리가 이러한 종교적인 확실성의 개념적인 의미를 상세하게 숙고한다면(이것이 신학의 기능이다), 그때 우리는 위에서 제시된 것과 유사한 명제들로 이끌리게 될 것이다. 그리고 세 번째 대답이 하나님과 세계 양자 모두를 포괄하고 있는 보편주의 신학(universal theology)에 대한 비판에 대해서 제시될 수 있다. 그것은 보편주의 신학이 단순한 인간 중심주의 신학과 단순한 우주 중심주의 신학 모두를 날카롭게 초월하고 있고, 실존의 의미에 대한 신중심주의적인 비전을 나타내고 있다는 대답이다. 신학의 장에서 주어진 대다수의 고찰들이 하나님과의 관계 속에서 인간과 그의 세계를 다루지만, 우리의 마지막 고찰은 정반대의 방향 속에서 인간과 그의 세계와의 관계 속에서 하나님에 대해서 이야기하고 있다.

비록 이것이 단지 인간 실존의 물음에 대한 대답으로서 해석되어 온 상징들의 견지에서만 행해질 수 있을지라도, 이것은 인간의 상황의 분석에서부터 출발하는 신학에서는 행해질 수 있고 또한 행해져야만 한다. 왜냐하면 이러한 신학에서는 종교적 상징이 쉽게 인간의 희망적인 상상의 산물로 오해될 수 있기 때문이다. 이것은 특히 "내세의 생명"과 같은 종말론적인 상징들에 대해서 말할 때도 마찬가지이다. 그러므로 우리로 하여금 인간으로부터 하나님에게로 방향을 전환하도록 만들고, 이로써 하나님의 생명과 그의 영원한 영광과 축복에 대한 그의 중요성의 견지 속에서 인간을 고찰하도록 만들어 준 종말론적인 상징들을 사용한 것은 적절한 것이 아닐 수 없다.

역자 후기

역자는 금번의 제5부 "역사와 하나님의 나라"의 출판으로 폴 틸리히 《조직신학 I-III》(*Systematic Theology* I-III, 한글판은 5권) 전 권을 출판하게 되었습니다. 2001년 제1권 제1부의 번역을 시작으로 8년 만에 폴 틸리히 《조직신학 I-III》 전 권의 출판을 완성하게 되었습니다. 각 권이 출판될 때마다 축하해 주시고 격려해 주신 독자들과 마음으로 성원해 주신 모든 분들께 감사드립니다. 그동안 시간과의 싸움에서 많은 어려움이 있었지만 폴 틸리히 《조직신학 I-III》의 한없는 넓이와 깊이를 한국 신학계에 올바로 소개하고자 하는 일념으로 전권의 출판을 완성하게 되었습니다. 틸리히가 신학한다는 것은 예비적인 진리가 진리를 향한 끝없는 길 위에서 구체화되는 정거장과 같다고 말한 것처럼 본 역서는 틸리히 사상의 완벽한 해석을 향한 도착점인 동시에 출발점이라고 생각됩니다. 목원대학교에서의 강의와 또 한 해 동안 미국 세인트 폴에서 연구년을 보내면서 새롭게 깨달은 통찰들을 참조하여 각 권의 2판 개정판을 출판할 때는 더욱더 완벽한 번역서를 출판하도록 최선을 다해 노력하겠습니다.

역자가 전 권을 번역하면서 깨달은 바, 폴 틸리히 《조직신학 I-III》

의 가장 큰 특징은 체계적 일관성과 해석학적 창의성입니다. 틸리히가 그의 조직신학을 Dogmatics이 아닌 Systematic Theology라고 일컬은 것처럼 그의 조직신학은 신학의 전 주제를 체계적으로 재구성하여 하나의 통일성을 이루고 있습니다. 아름답고 웅장한 건축처럼 시작은 끝을 포함하고 있고 끝은 시작을 성취하고 있습니다. 몰트만이 《삼위일체와 하나님의 나라》 서문에서 바르트의 교의학적 신학방법과 틸리히의 체계적 신학방법 모두를 비판하며 대화적 신학방법을 주창한 바 있지만 만일 그의 신학이 체계적인 일관성을 결여했다면 그의 신학은 조직신학으로서의 가치를 잃어버렸을 것입니다. 더욱이 틸리히의 '열린 체계'로서의 신학은—비록 몰트만은 이 개념마저 비판하고 있을지라도—몰트만의 대화적 신학방법과 멀리 있지 않다고 생각됩니다. 교의와 체계와 대화는 어느 하나도 버릴 수 없는 조직신학의 근본 요소입니다. 이런 점에서 틸리히의 열린 체계는 오늘 우리가 계승해야 할 신학적인 유산이라고 생각됩니다. 왜냐하면 틸리히의 열린 체계는 교의와 대화를 체계 속에서 담아내고 있기 때문입니다.

또한 틸리히의 조직신학은 매 권마다 해석학적인 창의성의 모범을 보여주고 있습니다. 틸리히는 결코 전통에만 매여 있는 전통주의자가 아닙니다. 그러나 틸리히는 또한 전통의 가치를 일방적으로 부정하는 무전통주의자도 아닙니다. 틸리히는 과거의 신학 전통을 존중하면서도 현대의 시대적인 정신과 물음에 개방되어 있는 '현대' 신학자입니다. 참으로 하나님에 대한 이해의 학으로서의 신학은 현대신학일 수밖에 없습니다. 우리는 신학의 대상이 살아 계신 하나님이듯이 또한 오늘 우리가 여기서 살아 계신 하나님을 경험하듯이 과거 전통의 참된 의미를 탐구하고 그 의미를 오늘의 시대적인 물음에 대한 대답으로 되살리는 살아 있는 오늘의 신학을 추구해야만 합니다. 사실, 한스 큉의 말처럼 신학사의 위대한 신학자들(오리겐, 어거스틴, 토마스 아퀴나스, 루터, 쉴라이어마허) 모두는 그 시대의 위대한 '현대' 신학자였습니다. 그 단적인 예는 그들은 모두 신학 전통의 한줄기 빛 속에서 새로운 시대사조와 대결하면서 새로운 신학의 언어를 생산한 점입니다. 이런 점에서 틸리히가 매 권마다 지성인의 사도로서 이 시대의 무의미와 회의와 절망과 맞써 싸우면서 새로운 신학의 언어를 창출한 것, 예를 들어 존재의 용기의 근원으로서의 하나님, 새로운 존재로서의 그리스도, 존재의 힘과 의미의 통일로서의 성령, 역사의 목적으로서의 하나님의 나라, 본질로부터의 실존으로의 전이의 상태로서의 타락, 소외로서의 죄, 치유로서의 구원, 상징과 사건의 결합으로서의 십자가와 부활, 상징으로서의 천국/지옥/불멸 등과 같은 하나님과 성서와 전통에 대한 존재론적인 해석과 상징주의적인 이해는 틸리히의 탁월한 업적이 아닐 수 없다고 생각됩니다.

   금번의 역서 제5부 "역사와 하나님의 나라"도 이와 같은 체계적인 일관성과 해석학적인 창의성을 다른 곳 못지않게 명백하게 보여 주고 있습니다. 제5부는 비록 삼위일체 하나님과 분리되어 독립적으로 구상되고 있을지라도 다른 부분들과 상호내적으로 연결되어서 전체의 통일성을 보여주고 있으며 존재론적으로 새롭게 창조된 상징의 언어들을 통해서 우리의 시간과 영원과의 관계를 해명해 주고 있습니다. 보다 구체적으로 말하자면, 틸리히는 상관관계의 신학 방법에 따라 모든 존재의 가장 포괄적인 지평인 역사의 물음을 기독교 전통 속에서 역사에 대한 대답으로서 제시된 하나님의 나라와 상호 연관시켜 하나님의 나라론을 체계적으로 구성하고 있습니다. 독자들의 이해를 돕기 위해서 틸리히의 전 신학사상을 하나님의 나라와 관련하여 서술해 보자면, 하나님 아버지의 영원한 나라는 모든 역사의 모호성을 영원히 극복한 새로운 존재의 나라이며, 위대한 카이로스인 그리스도 예수는 모든 역사 속의 하나님의 나라의 현현의 기준이며, 영적인 현존은 역사 내재적으로 하나님의 나라를 구현하는 하나님의 나라의 능력입니다. 우리의 관점에서 말하자면, 우리는 그리스도 예수 안에 나타난 하나님의 새로운 존재의 나라의 기초 위에서 그리고 하나님 나라의 구현의 능력인 영적인 현존 안에서 매순간 지금 여기 그리고 이 역사 속에서 현존하고 투쟁하는 하나님의 나라에 하나님 나라의 대표자인 교회와 더불어 참여함으로써 창조의 은총 행위를 통해서 하나님의 나라를 완성시키시는 하나님 아버지의 영원한 나라에 기여하는 삶을 살아야 합니다.

제5부 "역사와 하나님의 나라"가 오늘 우리에게 주는 의미 있는 메시지는 "영원은 모든 존재 안에 현존한다"는 것입니다. 틸리히는 제5부 곳곳에서 끊임없이 하나님의 나라, 영적인 현존, 영원, 역사의 목적은 언제나 현존한다고 말합니다. 틸리히에 따르면 영원은 우리 밖에만 머물러 있지 않습니다. 또한 영원은 역사의 과거나 미래의 특정한 시간에만 정초되어 있지도 않습니다. 역사의 종말 곧 역사의 목적은 언제나 우리의 시간 안에 현존하고 있습니다. 영원은 영원한 현재입니다. 이 점이 현대의 다른 신학자들과 구별되는 틸리히의 독특한 종말론이라고 말할 수 있습니다. 틸리히는 범주적으로는 현재적 종말론을 주창합니다. 그러나 영원을 현재의 역사 속에 현존한다고 말함으로써 영원을 현재의 역사와 대립시키고 있는 바르트와 구별되며, 영원을 존재하는 모든 존재 안에서 현존한다고 말함으로써 영원을 인간 실존 속에만 정초시키고 있는 불트만과도 구별되고, 영원을 현재를 변혁시키는 힘으로 본다는 점에서는 동일하나 근원적으로 영원을 현재에서 미래로 그리고 다시 영원한 현재로 나아가는 현재적 미래로 보고 있다는 점에서, 영원을 미래에서 현재로 그리고 다시 미래로 나아가는 미래적 현재로 보고 있는 몰트만과도 차별되는 독특성을 지니고 있습니다.

틸리히에 따라면 역사는 하나님의 나라의 대답을 요청하는 실존적인 물음이고 하나님의 나라는 역사의 물음에 대답하는 계시적인 대답입니다 그러나 다른 한편 역사와 하나님의 나라는 이원론적인 대립이 아니라 변증법적인 긴장 속에서 상호 내재적 관계를 이루고 있습니다. 말하자면, 역사는 하나님의 나라가 아니고 하나님의 나라도 인간 역사는 아닙니다. 그러나 하나님이 하나의 존재자가 아니라 모든 존재의 근거로서 모든 존재와 내재적이면서도 초월적인 관계를 가지고 있듯이, 하나님의 나라는 역사의 목적으로서 우리 역사에 대해서 내재적이면서도 동시에 초월적인 관계를 가지고 있습니다. 결국, 틸리히의 하나님 나라론은 하나님 나라의 내재적인 요소와 초월적인 요소를 균형 있게 조화 통일시킨 종말론으로서 하나님 나라의 내재성만을 강조한 자연주의적 종말론과 하나님 나라의 초월성만을 강조한 초자연주의적 종말론을 극복한 '내재적 초월'의 종말론입니다.

  우리가 살아왔던 20세기와 또 오늘날 우리가 살고 있는 21세기는 개인과 사회와 인류, 나아가 대자연을 파괴하는 엄청난 악의 현실들의 연속이었습니다. 이 엄청난 죄악의 부정성들을 지켜보면서 많은 사람들이 그릇된 종말론에 사로잡혀 역사부정적이며 역사초월적인 종말론과 현실도피적인 유토피아주의의 포로가 되었습니다. 그 결과는 광신과 미신 그리고 냉소주의와 허무주의였습니다. 무엇보다도 이 시대의 병은 냉소와 허무의 물결입니다. 틸리히의 하나님 나라론은 이러한 시대적사적인 질병을 치유하는 예언자적 설교입니다. 우리는 오직 언제나 현존하는 역사의 목적의 현존의 경험을 통해서만 냉소와 허무를 극복하고 하나님 나라의 확실성과 그와 더불어 우리의 삶의 유의미성을 확신할 수 있을 것입니다. 이러한 점에서 틸리히의 예언자적인 외침, 즉 하나님의 나라는 역사 밖에 있지 않고 오늘 여기 우리 역사 깊이에 현존한다는 하나님 나라의 현존의 확실성과 우리는 하나님 나라의 현존하는 힘인 영적인 현존 안에서 매순간 역사의 부정의 부정을 통해서 하나님 나라의 완성에 기여할 수 있다는 삶의 확신은 이 시대의 참된 위로요 대답이라 하지 않을 수 없습니다.

끝으로, 다시 한 번 폴 틸리히의 조직신학을 사랑하는 독자와 역자를 늘 성원해 주신 모든 분들께 진심으로 감사드립니다. 특별히 늘 정성을 다한 출판으로 폴 틸리히《조직신학 I - III》의 가치를 더욱 높여 주신 한들출판사 정덕주 사장님과 직원들께 감사를 드립니다. 또한 늘 격려와 관심으로 폴 틸리히《조직신학 I - III》전 권의 출판을 기다려 주시고 축하해 주신 한국조직신학회회원 교수님들과 목원대학교 신학대학 교수님들께 감사를 드립니다.

또한 누구보다도 폴 틸리히《조직신학 I - III》전 권의 출판을 위해 기도하며 기다려온 나의 삶의 영원한 동반자 전은숙과 사랑하는 두 자녀 재호, 재민에게 고마움과 사랑의 표시로 이 역서를 전합니다.

2009. 10. 31.
미국 세인트 폴 신학교에서
유 장 환